NOと言えない若者がブラック企業に負けず働く方法

川村遼平
POSSE事務局長

晶文社

装幀　岩瀬聡
装画　スカイエマ

まえがき

ＮＰＯ法人ＰＯＳＳＥ（ポッセ）は、若者の労働相談に取り組む団体で、２００６年に結成されました。私は２００７年、大学３年生の頃からメンバーとして関わるようになり、現在は事務局長を務めています。

ＰＯＳＳＥがスタートした頃は、「フリーター」、「ニート」の問題がマスコミでよく取り上げられていた時期でした。「若者が定職につかない」「若者は怠けている」といった議論がメディアでよく展開されていました。でも、ＰＯＳＳＥの設立メンバーは、「若者は怠けている」という主張に疑問を感じます。そうした議論は、同世代の実感とはかけ離れたものだったのです。

そこで、３０００人の若者を対象に、アンケート調査を行いました。そうすると、「フリーター」と呼ばれるような非正規で働いている人たちの大半は、フルタイムで働いていることがわかったのです。「若い人たちが将来に対してなかなか展望が抱きづらいような状況にある」ということも、その調査からわかりました。

マスコミで言われるように「だらだらして定職につかない」ということではなくて、フルタイムで働いているのに不安定な形でしか雇われず、従来のような待遇では働けない人たちが増えてきているという問題なのではないか。そのように提起したこの調査結果は、NHKでも取り上げられ、ここからPOSSEの活動はスタートしていきます。

このアンケート調査を進める中で、2つの問題が浮き彫りになりました。

1つは、「若者論」として語られる「フリーター」、「ニート」の問題は、私たちの世代の問題なのに、当事者である私たち自身の意見を発信するような回路はほとんどなかったということです。現在私たちは、『POSSE』という労働問題に関する雑誌を毎年4号ずつ発行しているのですが、この事業はこのときの問題意識に端を発したものです。

もう1つの問題は、若者が労働相談に行く窓口がほとんどないということでした。アンケート調査では若者の就労環境についても質問しており、残業代が払われないとか、万引きされた商品の代金をそのときにいたバイトが割り勘で弁償させられるとか、様々な違法行為が浮かび上がってきました。もちろんそういうときの窓口がないわけではないのですが、彼らが行こうと思えるような窓口はなかったのです。そこで、若者の労働相談を受け付けるような場を作ろうと、相談活動をすることになりました。

私自身が本格的に労働相談事業を始めて、5年ほどが経っています。今では1年につき1000件以上の相談が寄せられるようになりました。相談に来るのは、ほとんどが私と同じ20代の若者です。労働組合や弁護士に縁があるわけではなく、労働法や権利について詳しい知識を持っているわけでもなく、上司に対して権利を主張しようなんて考えたこともない。そんな、どこにでもいる若者からの相談です。

実際に相談を受けてみると、労働法の教科書を読んで想像していたことと現実はまったく異なることがわかりました。

「法律ではこうなっています」という知識はある程度勉強していましたが、「法律をどうやって使えばいいのか」、「いまこの法律を使うべきなのか」ということは、実際に自分がトラブルの渦中に身を置いてみなければわかりません。

「法律ではやってはいけない」ことになっているはずのことをやっている会社が、異議申し立てに対していったいどんな仕返しをしてくるのか。自分の内定先がもし「ブラック企業」だったとしたら、どうやって身を守ればよいのか。

法律を学んでおくと自分の状況を客観的に把握することができるけれど、どんなふうに法律を使ったらいいのかまで知っておかないと、いざというときに役に立たない。これが、POSSEの相談活動を通じて私が学んだことです。

この本は、そんなPOSSEでの実践から得られた、若者が労働問題にぶつかったときの対処法を解説したものです。専門的な法律の知識は紹介していませんが、職場の違法状態に悩んでいる人がこういう発想を持てば法律を使って問題を解決することができる、というポイントを場面ごとにまとめました。

第1章ではPOSSEの実態、終章では中期的な解決策を紹介しています。具体的に「自分がどう動いたらいいのか」というテーマについては、第2章で「我慢」しかカードを用意していないことの弱さについて、第3、4章で入社前の「見分け方」、第5章で入社後の「見極め方」、第6章で相談窓口の「頼り方」、第7章で会社からの「逃げ方」、第8章で会社との「向き合い方」をそれぞれまとめています。第9章では、これらに関連する労働法の基礎知識を一通りまとめました。

順番に一通り読んでもらうのがベストですが、各章ごとに段階を分けているので、困ったときに該当する章を読む「逆引き辞典」のような使い方をしてもらっても、最低限のポイントはおさえられるはずです。

もちろん、事案はケースバイケースであり、マニュアルだけで対応できるケースは滅多にありません。具体的なトラブルが起きた際には、この本に書いてある内容だけでは不十分だと考えておく方が賢明でしょう。

では、そんなときはどうすればいいのか？　それを考える第一歩として、この本を読んでもらいたいと思います。

NOと言えない若者がブラック企業に負けず働く方法

目次

第4章　働いてはいけない企業を見抜く　061

第8章 会社との交渉のポイントは「あきらめないこと」――131

巻末鼎談

第1章

会社にNOと言えない若者はどうしたらいいのか

「合法」か「違法」かをまずはっきりさせること

ＰＯＳＳＥは、２００６年に法人を立ち上げて以来、20代、30代の若者を主な対象に法律相談を受ける支援活動を続けてきました。

私たちの「相談」は、話を聞いて相談者の心理的なストレスを和らげるカウンセリングではありませんし、話の聞き方・受け止め方を改善することで上手にストレスに対処しようというアドバイスをするものでもありません。私たちがやっているのは、法律を軸にして問題解決の選択肢を示すという、ごく単純な作業です。

まず、相談に来た方の状況を聞いて、いま起きている状況が法律的に見てどのように違法なのかを説明します。漠然と「人間関係がつらい」「仕事がきつい」では違法性がはっきりしませんが、話をよく聞いていくと、そこに法律的な問題があるのかどうかを整理することができます。たとえば当事者が「人間関係がつらい」と思っている場合は、私たちはパワハラに該当する要素があるかどうか考えながら状況を聞き取ります。「仕事がきつい」という場合には、労働が長時間におよんでいないか確認したり、残業代がきちんと支払われているかをチェックします。長時間労働が横行している職場で、残業代がきちんと支払われているケースはほとんどないからです。

次に、そうしたケースにあてはまる法律・制度を紹介して、現状改善に向けてどんな選択肢があるかを具体的に提示します。第6章で述べる通り、選択肢はだいたい弁護士か労働組合か労働基準監督署への相談に落ち着きます。そして、それぞれの機関のメリットについてはもちろん、それらを利用する場合にどんなリスクがあるか、どんな懸念があるかについても紹介します。

そして、相談に来た方が法律・制度を活用することを選ぶ場合には、その手続きをサポートします。相談に来た方が法律・制度を活用しない、しばらく様子を見ると決めた場合は、その限りでの自衛策を紹介します。

ＰＯＳＳＥが「労働環境を具体的に変えるにはどうすればいいか」にこだわって相談を受けているのは、カウンセリングや対症療法、つまり相談に来た若者の側の対処ではどこかで行き詰まってしまう懸念があるからです。たとえばＰＯＳＳＥの相談のなかでも多い、うつ病などの精神疾患のリスクに対処する場合を考えると、ストレスを引き起こしている原因そのものを緩和・除去することが重要です。後述するように、精神的に追い詰める目的で組織的にパワハラをする会社もあることを考えると、「受け止め方」を変える対処には限界があります。実際に会社と争うかどうかは抜きにして、自分の置かれた状況が本当に我慢しなければいけない「合法」なものなのか、それとも本当は会社が「違法」なことをしているのか、ということをまずはっきりさせることが重要です。

若者が抱える働き方への不安

たとえば、本書の執筆を始めた時期の記録を見てみると、このような相談が寄せられています（※個人情報の関係上、微妙に属性を変えている場合があります）。

▼運送業の正社員（30代、男性）

実家が被災したため、母子ともども上京して会社の寮に住み込みで働いている。母親は事務職で、男性は運送の仕事をしている。

元々、月給20万円という約束で働き始めたが、実際には3ヵ月に1度だけ5万円が手渡される。8時から18時まで働かされている。食事はまかないが出ているので生存だけは確保されているが、つらい。

会社の寮費を支払うことができず、「家賃を払えないのに給料をもらう権利はない」「出ていけ」と言われている。

▼100円ショップ店員（20代、女性）

店長が賃金を払ってくれない。「お前には払わない」ともはっきり言われている。店長は気に入らないことがあると他の職員にもそうやって脅しつけたり賃金不払いにしたりしている。働いている間、労働基準監督署に2回相談に行ったが、1回目はまったく対応してもらえず、2回目には会社とやり取りした後で「会社にも言い分があるから」「話し合いのできる状況ではないので先にあなたから謝ってほしい」と言われたので嫌になって辞めてしまった。

自分のことは既にあきらめているが、こうした会社がいまだに営業を続けているのは残された人に対しても心苦しい。これ以上被害者を出さないために何かできることはないか。

▼ソフトウェア関連のIT企業正社員（30代、女性）

会社から、「契約社員になってくれないか」と言われている。表向きは目標管理が口実だが、正社員の残業時間が平均して月に60時間らしく、それを超えていない人が対象になっている。女性には3歳と5歳の子どもがいるため、残業は月に40時間程度しかしていない。

「契約社員になるのが嫌なら退職してほしい」と言われている。先々月から会社全体で面談が始まり、先々月は同じ部署だけで3人が契約社員になり、1人が退職した。先月は3人が退職している。

子どもの養育費もかかるので、正社員のまま働き続けたい。

▼書店員（20代、男性）

時給が660円と低く、また毎日2〜3時間ほど残業をしているが残業代がまったく出ない。働いても働いても生活が成り立たないため、転職することを決心し、先月新しい職場を見つけた。来月初めから来るように転職先に言われているが、今の書店に辞めたいと伝えたところ、「辞めたらダメだ」「再来月くらいまではやれ」「ふざけるな」と言われている。どうしたら辞めることができるか。

もし皆さん自身や皆さんにとって身近な人が、いきなり会社に理不尽な対応をされたら、労働基準監督署に行っても相手にしてもらえなかったら、どんな行動をとりますか。

ＰＯＳＳＥに相談に来る人たちの多くは、「こんな会社だとは思わなかった」と言います。もちろん、会社に入る前から、「この会社は大丈夫だろうか」と漠然とした不安を抱えている人はいるでしょう。しかし、その不安や覚悟を超えた事態が、ときに起こりうるのです。そしてそれは今の20代、30代にとって、昔以上に起こりやすくなっています。

だからこそ、会社がどんな理不尽なことをしてくる可能性があるのか、職場で理不尽な目に遭ったときにどんな対応をすればいいのか、予め備えておくことが大切です。何かあってから「どうしよう」と考え始めるのでは、手遅れになってしまうこともあるのです。

私たちの世代に必要な「生きる技術」

相談を受けるようになって感じるのは、厳しい雇用状況の中で、私たちの世代には職業生活を生き抜く技術が必要になっているということです。それは決して特定の資格やプレゼン能力ではなく、法律や制度を使って自分の身を守る技術です。

「がんばっていれば、どこかで誰かに認めてもらえる」

これは、確かにあるときは正しい命題かもしれません。しかし、ＰＯＳＳＥに相談に来るのは、がんばっていたのに職を失ったり、病気になってしまったりした人たちです。働いていて命を落とした方のご家族が相談に来ることもあります。がんばっているからといってそれが報われる保証はないのです。むしろ、がんばればがんばるほど身を滅ぼすような会社もあります。こうした会社は、「ブラック企業」として大きな社会問題となっています。

では、がんばっていたにもかかわらず「ブラック企業」のせいで悲惨な目に遭ってしまった場合、その人を誰かが守ってくれるでしょうか。残念ながら、水戸黄門のようにある日救世主が助けに現れてくれる、ということは労働法の世界ではありえません。

誤解をしている人も多いのですが、法律や制度というものは、弱い人を助けるものではありません。法律や制度は、それを上手に使ったときに、初めて役に立つものなのです。

言い方を変えれば、法律や制度を使って何らかのアクションを起こした人が、初めて法律によって自分の身を守るチャンスを得ます。そのチャンスを最大限生かすのは、会社に対して「NO」を主張した場合です。反対に、「これだけ酷い状況なんだから助けてもらえるはず」と法律や制度に過度に期待を寄せてしまっては、問題は解決しません。

法律の内容が社会で実現されるためには当事者のアクションが必要だという認識は、これからの社会を生き抜く上でとても大切なものだと思います。

しかしながら「ブラック企業」に入って困っている人に対して、「会社に「NO」と言った人だけが法律に守られる権利を持つんだよ」という言葉をかけることほど残酷なものもないでしょう。それができれば初めから何も困ることはないからです。

加害者が強制猥褻で逮捕されてもおかしくないようなセクハラを受けたり、残業代どころか賃金を一円ももらえていなかったりする人たちが、上司や会社にはっきりと「NO」と言えないままPOSSEに相談に来るのが、現場の日常的な風景です。それだけ私たちの世代にとって、「NO」は縁遠いものだと言えます。ほとんどタブーのようなものと言ってもよいでしょう。

読者のみなさん自身の立場でも考えてみてください。仮に私から「今の働きかたは違法です」と言われたところで、会社に言って改善させようと思う人は少ないのではないでしょうか。会社に「NO」を突きつけるのは、とかく日本ではハードルの高いことなのです。ましてや、何か職場で困ったことがあったら労働組合に加入してストライキでもしてやろう、弁護士に相談して裁判を起こそう、なんて思う人はほとんどいないのではないでしょうか。POSSEに相談に来る人たちも、そういう感覚の持ち主です。

もちろん、相談の内容によっては、会社に対して面と向かって「NO」を言わない限り何も改善できないケースは当然出てきます。そのためにこちらから労働組合や弁護士を紹介することもあります。法律や制度がそうした解決法しか用意していない場合は、そのメニューの中から行動を選択するほかないからです。しかし、初めから会社に「NO」と言うつもりで相談に来る人はほとんどいません。ですから、「NO」と言わない場合の対応についても、検討しておかなければいけません。

また、現実の社会は、裁判所のように双方が法律に基づいて互いの権利を主張するなんて大人しいものではありません。「NO」と言った労働者に対して会社が報復をする場合もあります。報復に対する備えも必要なのです。

だから、相談を受けていくなかでは、「NO」と言わなかった場合にはどこまでできるのか、「NO」と言うためにはどんな条件・どんな戦略が必要なのかを説明できないといけません。ところが、こういうことを調べようと思っても、法律の教科書にはほとんど書かれていませんでした。

法律の教科書には、「NO」と言ったら裁判所がどう判断するだろうか、ということについては書いてあります。しかし、「NO」と言うにはどうしたらいいのか、どんなタイミングで言うべきなのか、どんな心構えで臨んだらいいのか、ということに関する技術や戦略はほとんど書かれていません。ましてや、会社に「NO」と言わずに状況を改善するにはどうしたらいいか、なんてことは少しもわかりません。そのために書かれた本ではないのですから、当たり前のことです。だから、状況に応じて、労働組合の専従職員や弁護士からアドバイスをもらいながら、法律や制度の知識を整理し直さないといけませんでした。

会社に「NO」を言うことが当たり前ではない私たちの世代が、上手に法律や制度を使って自分たちの健康や生活を守るためには、一体どのような知識や戦略、心構えが必要なのか。振り返れば、この数年間の労働相談は、この問いとの格闘だったとも言えます。そして、相談に来た同世代の労働者とともに、彼らの困難や不安と向き合うなかで練り上げられた現時点での成果をまとめたものが、本書です。

正社員でも安心できない――「ブラック企業」の存在

「雇用社会を生き抜く技術」を身につける上で必要な最も基礎的な知識は、会社で働く人の身にどんな悲劇が起きるのかを知っておくことです。その最も良い教材が、「ブラック企業」の事例にあります。

正社員で就職しても決して安心できない「ブラック企業」。そこで働いている人がどんなふうに追いつめられていくのか、まずはしっかり見ておきましょう。

▼ウェブデザイナー(20代、女性)

大学在学中の12月、経済産業省の運営する「ドリームマッチナビ」(若い人材を採用して成長したいとする中小企業と、社会に出て活躍したいとする新卒者等とのマッチングを支援する経産省のプロジェクト）を通じて会社から面談の依頼があり、面接を経て内定を獲得する。

1月からインターンとしてアルバイトで働くようになり、社長の雑用をして過ごす。アルバイトとはいっても9時から18時までフルタイムで働き、にもかかわらず日給として3000円しか支払われなかった。時給にして400円に満たない。

4月、新卒正社員として採用される。このとき、計4枚の誓約書にサインするよう求められている。文面を確認する時間も与えられないまま、サインだけして会社に渡してしまっているため、内容は定かではない。一枚だけ覚えているのは、「退職時に一切損害賠償請求しない」という書類だった。書類には、日付を空欄にしたたまサインさせられている。後から好きな日付を会社が書き加えることができるようにということだと思われる。

この会社の賃金体系は、年間240万円。「年俸制」とされており、残業代は出ない。会社にかけあった先輩の話では、「時間と関係ない仕事だから残業代を出す必要はない」ということらしい。また、福利厚生として給料から毎月6300円引かれている。

正社員になってからの残業時間は毎日3～4時間ほどで、とても続けられるとは思えない。実際、過去に数多くの社員が病気になっており、そのまま辞めたり、辞めさせてもらえずに休職扱いで給料未払いのまま放置されたり、辞めるために逃げたりしている。社長には法律が通用せず、なかなか辞めさせてくれない。

しかし、このままこの会社で働いていてもキャリアアップは見込めないため、なんとかして転職しようと心をかためる。

過去に辞めさせてもらえなかった人が多いため、「家庭の都合で実家に帰らなければならない」という口実で会社を辞めることを社長に伝えることにした。社内規定に「退職予定日の45日以上前に申し出ること」とあったため、「1月半後に辞めたい」と伝えたところ、「今辞められても迷惑。がっかりだ」「会社には退職を止める権利はないが、あとは俺が納得するかどうかだ」と言われる。このままでは辞められないと思い、「ご迷惑おかけして申し訳ないとは思いますが、帰らなければならないので……」と相談ではなく申し出であることを強調したところ、「そんな言い方では反発したくなる」「ご相談という切り口でくるのが日本人の美徳だ」「社内規定なんてこの際どうでもいいから今月いっぱいで辞めろ」と激怒される。

最終的に、辞めるタイミングは社長が判断して宣告することになってこの日の面談が終わった。まだ連絡は来ていないが、おそらく今月いっぱいで辞めさせられるだろう。過去の社長の言動から、法律は通用せず、自分の感情を優先するはず。これまでの傾向からすると、懲戒免職の処分手続きをしてくる可能性がある。

今後に差し支えのないように辞めるにはどうすればいいか。

女性は、会社の規模こそ小さいながら、経済産業省の「ドリームマッチナビ」で出会ったこの会社を信頼して入社します。ところが、いざ蓋を開けてみたら、最初から最後まで違法状態のオンパレードです。最低賃金を大きく下回るお小遣い程度の賃金、不当な目的で無理やり書かせた誓約書、残業代未払い、福利厚生費の高すぎる天引き、退職妨害、そして理不尽な解雇。

内定先に悪い印象を与えたくない就活生の心情を利用して「インターン」名義で酷使したり、会社が有利になるような書類に無理やりサインさせたりするのは、「ブラック企業」の常套手段です。

しかし、彼女のケースがまだしも恵まれている点があるとすれば、会社のやり方があまりに露骨だったために、そのおかしさに早い段階で気付いたことです。

「会社がおかしい」ことがわからないと、より精神的に追いつめられていくことになります。

次の事例を見てみましょう。

▼システム・エンジニア(20代、女性)

新卒で入った会社が早々に倒産してしまい、同じ年にIT業界大手の一部上場企業に第二新卒で入社する。人事が「絶対にリストラしない」と言っていたことと会社がリーマンショック前後も黒字を続けていることが決め手だった。

　ところが、数年が経ったいま、会社から転職活動するように迫られている。

　この会社では、システム・エンジニアは顧客企業に派遣されて働く。ところが、不景気の影響もあって、現在は社内待機になっている者が20名ほどいる。彼女もその1人だった。

　待機のきっかけは、それまで一度もやったことのないプログラミングの現場に派遣されたことだった。顧客の要望に十分応えることができず、他の人が代わりに出向することになった。

　社内待機となってから半年が経過したころ、上司の面談が始まった。「どうするつもりか」と言われ、このままでは会社にいられないと思い、必死に勉強して2ヵ月で3つの資格をとってスキルの向上を示した。ところが、上司は「評価しない」と言い放つ。「あなたにはコミュニケーションスキルに問題がある」「コミュニケーション不全障害ではないのか」と、それまで問題になったこともないことを厳しい口調で言われた。

　突然そんなことを言われたので泣いてしまうと、「泣くのは社会人ではない」と言われる。また「どうするつもりなのか」と言われ、その後何度か面談を繰り返す中で色々な対応を示したが、ことごとく「それではダメだ」と言われ、最終的に産業医の診断を受けることになった。

　心療内科に行ってコミュニケーション不全の障害ではないかときくと、「適応障害」というストレス性の病気だと言われた。

この結果を上司に報告すると、「ほら、適応できないお前が悪かっただろう」と言われ、適応できないことを謝罪させられた。また、「どうして適応障害になったのか?」と詰問され、上司に対してストレスのことを言うことはできず、「気持ちが屈した」などの理由を挙げた。上司は、「コミュニケーションスキルを改善できるように」との理由で心療内科に通院することを提案した。

この頃にはすでに食事も睡眠も満足にとれなくなってしまっていた。自分が悪いと心から思い、自殺することも考えていた。

社内待機と通院、そして上司との週に一度の面談を続けていたある日、上司が一緒に病院についてくることになった。その場で「会社に彼女の適性があっていない」ことを産業医に「確認」し、「他の会社に行った方がいい」と結論付けた。

面談が始まってから半年後、ついに転職をすると口をついてしまう日が訪れる。上司は、「会社にあなたがいられない理由は何ですか?」と問い、「スキルが足りないからです」と答えると、「そうだね」と返した。「このままではお互いにハッピーではない」「お互いにとっていい方法を探そう」と、前向きに転職を考えるようにまとめた。だが、「他の社員に養われているだけになるよ」と付け加えることも忘れなかった。

現在は面談のペースが落ちたが、転職することに同意してしまったため、退職期限を決めるように言われている。

彼女は、ＰＯＳＳＥに電話をかけてきたときもまだ「会社がおかしい」と確信を持ててはいませんでした。

こういうケースのおそろしいところは、どこかの時点で客観的な判断や冷静な思考ができなくなってしまうところです。精神的に追い詰められると、判断力・思考力そのものを奪われてしまうのです。病気になるまで自分を追い詰めて、さらにそれをネタに嫌がらせをしてくる上司のことさえ、おかしいとは思えなくなってしまう。これは本当におそろしいことです。そういう状況では、会社に「ＮＯ」を言うなんて発想が出てくるはずがありません。「全部、自分が悪いんだ」と思ってしまうからです。会社に残ることさえ「申し訳ない」と感じてしまうのも、当然の帰結です。

しかし、ここまで追い詰められても、彼女は労働組合に加入して団体交渉を行い、何とか状況を改善することができました。具体的な方法は第8章でくわしく紹介しますが、会社が違法な退職強要をしていることや「自己都合退職」に追い込む会社のねらいを知ったこと、休職に持ち込んだことで冷静に考える時間を確保できたこと、労働組合にいる同世代の若者との交流ができたことなど、様々な要素が彼女に自信を取り戻させたことが背景にあります。こうした支えがあって、彼女は自分の希望を会社に伝え、復職に向けた交渉をやり遂げることができました。

しかし、いま日本の職場で起きている多くの問題は、こんなふうに解決してはいません。そういう意味では、彼女も不幸のただなかにありながら、わずかばかり幸運だったと言えるのかもしれません。他の多くの人たちは、ほとんどが泣き寝入りです。POSSEに来た相談の中にも、残念ながらどうにも支援ができなかった事例があります。

▼電気量販店員(10代、男性)

「息子が倒れた」と母親から相談。

男性は、高校を卒業すると同時に一部上場の大手電気量販店に入社する。高校の進路指導室の支援で、正社員として就職することができた。

会社では、バックヤード(売り場の奥にある商品の保管場所)で商品の出し入れをする仕事に就いた。この仕事はただでさえかなりの重労働で、そのうえ仕事は長時間に及んだ。月の残業は、100時間程度だったとみられる。母親は、仕事がきついと息子がこぼすのをよく耳にしていた。

また、上司からよく怒鳴られたり「馬鹿」「死ね」と罵声を浴びせられていた。殴ったり蹴ったりされることもあったという。そうしたパワハラについても、母親は息子から聞き及んでいた。

1年と少し働いたある日、男性は仕事中に過呼吸で倒れてしまう。上司は倒れた男性を放置していたが、見かねた同僚が救急車を呼び、病院に搬送される。医師は過換気症候群とうつ病を併発していると診断した。

搬送先の病院に駆け付けた母親は、救急車を呼んだ同僚から、倒れる少し前に上司から罵声を浴びせられていたことを聞く。本人からも事情を聞こうとするが、当時の状況を話そうとするたびに過呼吸になってしまう。症状がひどいときには意識を失ってしまうので、事情を聞くのをあきらめ、上司に話を聞くことにする。

電話で上司に話を聞くと、まともに取り合ってもらえない。日ごろから「馬鹿」「死ね」と言われているのは知っていることを伝えると、「ふざけて言っていただけだ」と開き直られた。

息子に対して上司に謝罪してもらいたい。

この事件は、まったく何もできないまま、相談に来た方があきらめるのを見届けるほかありませんでした。

母子家庭で、相談に来た母親自身も息子以上の長時間労働をしていたこと、これから治療や看病に多大な負担がかかることなども背景にありますが、最大の理由は、当時の状況や日ごろの働き方について本人から何の情報も得られないことでした。

弁護士や労働組合などいくつかの専門窓口をまわって何とかできないかと助言を求めましたが、やはり本人からの証言が望めず、また記録もまったく残っていない状況では、かなりの労力を割いてうまく証拠が出てこないと、何ともしようがないと結論づけざるを得ませんでした。展望も持てない中で、看病や自分の仕事を優先する家族に、「いや、もう少し会社の責任を追及しましょう」とは、言えませんでした。これまでに受けた相談の中でも、特に悔しく、忘れられない事案です。

この事件に限らず、若くして心臓病や自殺で命を落とした方の遺族が相談に来て、しかし記録がない中であきらめてしまう姿も、何度か見てきました。問題が表面化したときには、もうすでに改善や被害の回復といった解決が難しくなっているということはよくあります。

だから、「おかしい」とか「つらい」と感じたときには、その感覚を大事にして、できるだけ早い段階で対応を検討してほしい。できるだけ早く、専門の窓口に相談しに行ってほしい。これが、いま働いている人たちに対して強く伝えたいことです。

メンタルヘルス（心の健康）に気をつけよう

ＰＯＳＳＥに相談に来る方の３〜４割は、何かしらのストレス性疾患を抱えています。「うつ病」や「適応障害」に代表される精神疾患、「胃潰瘍」や「腸炎」といった内臓性疾患を抱えた方が次々と相談に訪れます。特に精神疾患の中には、自死へと思い至らせる症状を持っているとされるものもあるため、注意が必要です。胃潰瘍などの内臓性疾患も軽視することはできません。重病に発展したり、病気のストレスから精神疾患を併発したりする事例もめずらしくないからです。

また、突然死や自死で命を落としてしまう若者も決して少ないとはいえません。心の病は原因が特定しにくいものですが、仕事をしていたことが原因だったと認められた「労災認定」「公務災害認定」のケースでも、亡くなる例はここ数年で枚挙に暇がないほどです。

▼居酒屋「日本海庄や」店員（20代、男性）

勤務開始４ヵ月で急性心不全で死亡。平均して月に１１２時間以上の残業があり、労働災害と認定される。この居酒屋は月の残業時間が80時間を下回ると賃金が安くなる仕組みをとっており、遺族が起こした裁判では、会社だけでなく過労を引き起こす賃金体系を設定した経営者の責任も認められた。

▼居酒屋「和民」店員(20代、女性)

勤務開始2ヵ月目に自死。彼女の手帳には、「体が痛いです。/体が辛いです。/気持ちが沈みます。/早く動けません。/どうか助けてください。/誰か助けてください。」との記載があった。1ヵ月の残業時間は約140時間で、過労の末の自死と認められた。

▼気象予報会社「ウェザーニューズ」社員(20代、男性)

最大手の気象予報会社に気象予報士として採用され、勤務開始半年で自死。社内に「予選」という期間があり、気象予報士として採用されるために上司のパワハラにも耐えながら働いたあげく、「予選落ち」を告げられたと思われる日の翌日に自死を図る。「予選」期間中の月の残業時間は多い月で230時間以上あり、労働災害に認定された。

▼「日東フルライン」社員(20代、男性)

コカコーラ社専門の配送会社で自動販売機に飲料を補充する仕事をしていた男性が、勤務開始4ヵ月で自死。直前1ヵ月の残業時間は100時間超で、自死の1週間前の日報には、「倒れそうです」と記されていた。過労による自死と認定される。

▼富士通SSLのシステム・エンジニア（20代、男性）

富士通の子会社に入社し、地上波デジタル放送のシステム開発に携わっていた男性が、入社2年目に過労のためうつ病を発症、4年目に治療薬の過剰服薬で亡くなる。連日自身のデスクで寝る日々が続き、37時間続けて働くこともあった。裁判を経て、労働災害と認定される。

▼磐田市公立小学校教員（20代、女性）

公立小学校に採用された女性教員が、自宅近くの駐車場で車に火をつけて自死。採用直後に受け持った担当クラスの児童の対応に苦慮したストレスが評価され、地裁で公務による災害と認められた。

▼新富町職員（20代、女性）

宮崎県新富町の町民生活課で働いていた女性がうつ病を発症し、自死。2ヵ月間で残業は222時間に及んだ。うつ病の原因が過労であったことが認められ、公務災害として認定された。町長は女性の過労状態を認識していたにもかかわらず適切な対応をとらず、遺族が町を相手に裁判を行い、8000万円を支払うことで和解した。

いずれの事案も、働き始めて何年も経たないうちに命を落としてしまっています。過酷な働き方を続けていると、1年ともたずに壊れてしまうことがあるのです。

また、右に挙げた代表的な事例から明らかなように、名前の知れた大企業や公務職場でも死亡事件は起きています。大きな会社に入ったから安泰、公務員だから安泰、というのは、残念ながら大きな間違いです。

自分の生活や生きがいなどの理由のために仕事をするのであって、仕事が自分の生活や生きがいに優先されてしまうのは本末転倒です。しかし、そうなってしまう職場が日本には数多く存在します。

では、こうした職場でどのように自分の身を守ればいいのでしょうか。恐らく、もっとも多くの人がとる選択肢は、「我慢」です。嵐が過ぎ去るのを待つように、じっと耐えてパワハラや長時間労働が解消されるのを待つ。これは、日本では昔から多くの労働者がとってきた「処世術」でした。ところが、一昔前はともかく、今の若者の職場では、この処世術が通用しなくなっているのです。

第2章

日本の会社で「我慢」が通用しないわけ

どうして「我慢」という選択肢は、今の若者の職場では通用しないのでしょうか。これを知るには、「ブラック企業」でどうして違法行為が繰り返されるのかを分析しておく必要があります。そこで、第2章では、「ブラック企業」の3つのパターンを紹介します。

トラブルのパターンを把握しておくメリットは、いくつかあります。まず、あらかじめ想定できるモデルを持っておくことで、いざ同じような目に遭った場合に冷静に対処できるようになることです。また、世間では毎日様々な事案が起きています。そうした事案に興味を持っていると、自分が同じような目に遭った場合に、「自分がつらいのも会社のせいなのかもしれない」と気づくチャンスを得ることができます。そして、これらの問題が起きる背景に目を向けておくと、ある程度は自分の選択肢も見えてきます。

これから紹介していく「ブラック企業」のパターンは、いずれも自浄作用の望めないものです。違法状態は決して一過性のものではなく、再生産されます。それを知っておくと、「我慢する」という選択肢が孕んでいる限界に気がつくでしょう。

「ブラック企業」でとことんまで追い詰められないために、これらの気づきはとても大切です。なぜなら、当たり前のようにとんでもないことが起きている会社に入ってしまうと、それがとんでもないことではないかのように感覚がマヒしてしまったり、ひたすら耐えてさえいればいつかは状況が改善するという幻想に捉われてしまったりするからです。特に最初の会社でこういうところに当たってしまうと、その会社だけで通用するルールがあたかも社会のルールであるかのように倒錯した感覚を身につけてしまいます。

それでは、具体的に3つのパターンを紹介していきましょう。

「ブラック企業」のパターン①：選別排除型

1つ目のパターンは、「選別排除型」です。このパターンの相談は、主に就職人気企業から寄せられます。この手の会社は、何度も選考を勝ち抜いて採用された新卒社員を長時間働かせてみてパフォーマンスを比較し、「使いづらい」人間をむりやり辞めさせています。

最も象徴的なのは、第1章でも紹介した、気象予報会社最大手のウェザーニューズ社で起きた過労自死事件です。亡くなった男性は月に最大240時間もの残業を行い、「予選」という社内独自の選抜システムに勝ち残るために半年間必死に働きました。ところが、半年の予選期間が終わって気象予報士になることができないとわかり、自ら命を絶ってしまうのです。

亡くなった男性は、気象予報士の資格試験に合格し、ウェザーニューズの採用選考を経て入社しています。客観的にも、会社の評価としても、一定の能力があることはすでに認められているわけです。働きぶりをみても、過労死水準を大幅に超える残業を続けるぐらい、熱心に仕事をしています。そこまでやっても、会社は彼を認めなかったのです。しかも、認められなかった結果待っているのは、出世が遅れるという程度の話ではありません。気象予報士として会社で働き続けることすらできなくなってしまうのです。彼が会社と交わした雇用契約の内容からすれば、この一連の流れは明らかに約束違反です。

このタイプの会社では、本来採用するつもりの人数よりも大量に人員を採用する点に特徴があります。雇用契約を交わしておきながら、まるでそれが就活の延長線上にある選考であるかのように競わせるのです。しかも、ウェザーニューズ社でまさにそう呼ばれているように、この選抜はあくまでも「予選」であって、それに勝ち抜いた人たちにも楽な仕事が用意されているわけではありません。待ち受けているのは、いつ過労死してもおかしくないような恒常的な長時間労働です。その環境で高いパフォーマンスを示し続けることができなければ、即座に退職強要の対象となります。こうすることで、労働者から過度なモチベーションを引き出しながら、自社にとって都合のいい人間だけを選別していきます。

「ブラック企業」のパターン②：消耗使用型

2つ目のパターンは、「消耗使用型」です。このパターンの相談は、小売・アパレル・飲食といった接客中心の店舗で働く人や、あらゆる業界の営業職を中心に寄せられます。このケースでは、ただひたすらに労働者を長時間働かせます。

株式会社ワタミフードサービス（以下、ワタミ）の創業者である渡邉美樹元会長は、「24時間365日、死ぬまで働け！」を社の理念として掲げ、「限界というのは嘘なんです」と公言していた人物です。ワタミには、「限界からあと一歩進め」というスローガンもあります。そのワタミで、月に140時間の残業をしていた24歳の女性が入社わずか2ヵ月目に自死しました。まさに、「限界」を超えて働いた結果の死でした。

こうした会社から寄せられる相談として多いのは、「会社を辞めさせてもらえない」というものです。適切な休みをとることもできないまま、心身の限界を感じて「辞めたい」と言ったとしても、辞めることすら許されないのです。カンガルーのマークで有名な西濃運輸では、三度の退職拒否の末に20代の男性が過労自死に至る事件が起きています。

会社は、「引き継ぎをしてもらわないと困る」とか、「今は忙しいから勝手に辞めさせるわけにはいかない」などと理由を挙げます。しかし、本当にその労働者がいなくなったら困るというわけではありません。本当にそれほど大切な人なら、まず会社は休みを与えるからです。労働者がいったん精神疾患になると、一転して、今度は容易に辞めることができます。というよりも、大抵の場合、退職に追い込まれていきます。こうした会社は、いくらかの採用コストをかけていることを念頭に、あるいは続けて退職する人が出るのを避けるために、元気なうちには辞めさせないだけなのです。

実際に、いち労働者がいなくなったことが原因でつぶれるような会社はありません。こうした会社は、結局労働者が短期間で辞めていくことは計算に入れているので、短期間の訓練で可能なマニュアル労働でまわせるようになっています。どうせいつかは辞めてしまう人材を、その期間内に最も効率よく酷使するスタイルだと言えます。

「ブラック企業」のパターン③：秩序崩壊型

3つ目のパターンは、「秩序崩壊型」です。このパターンの相談は、介護・医療・保育などの業界から寄せられています。

具体的には、虐待や重大事故が頻発していたり、資格外業務を命令されたり、といった、そもそも労働として成り立っていないような現場からの相談です。子どもを押し入れに閉じ込めている保育園や、少人数で対応しているために高齢者の重大事故が絶えない介護事業所、資格を持たずに事務で入った労働者にワクチンの調合をさせる医療機関などで働いている人から相談が寄せられます。これらの事例はすべて犯罪に加担させられているようなもので、労働者自身が逮捕されてもおかしくありません。テレフォンオペレーターのアルバイト求人を見て集まった人に振り込め詐欺をさせているといった事例が報道されたことがありましたが、誤解を恐れずに言えばこれと同じです。実際、営業職として働いたことのある人の中には、詐欺的だと感じる仕事に就いた人もいるでしょう。

また、会社の運営にとっても長い目で見れば何の得にもならないようなパワハラ・セクハラが横行する職場も、ここに分類して整理しています。

こちらの事例はインパクトが強いこともあって比較的よく報道されます。骨折するまで殴る蹴るを繰り返したり、「俺の寵愛を受けろ」と命令したり、男性上司が女性社員の胸倉に日常的に手を入れたりという職場です。これほど腐敗した事例と比べると霞んでしまうかもしれませんが、「豚」「死ね」などの暴言を吐いたり、理由もなく部下の頭を殴ったりという職場は、もっと多くの人にとって身近なものだと思います。

こうした会社で経営者に実態の改善を訴えても、実際に改善されるケースはほとんどありません。それどころか、むしろ告発した労働者が「不満分子」として取り扱われ、さらなるいじめの対象となることさえあります。職場の異様な状態を改善することにコストを注ぐよりも、その空間に合わない人間に辞めてもらって鈍感な人間を配置した方が楽だからです。それを積み重ねることで異常な状態を異常だと感じない人たちが多数を占めてしまっている職場だと、改善はより困難になります。というよりも、むしろそういうことを繰り返してきた会社だからこそ、現時点での異様な状態があるわけです。

「ブラック企業」で「我慢」は続かない

POSSEが受けてきた「ブラック企業」の相談では、このパターンのいずれか、もしくはいくつかが折り重なって労働者に降りかかっています。そんな会社で、一昔前に通用したからといって「我慢」を続けるのは、どうしても無理があります。

1つ目のパターンでは、選別を行っている会社が辞めさせようとあれこれ画策するわけですから、長く働き続けることはできません。ここでは、パワハラは組織内の人間関係上の「エラー」として生じるのではなく、精神的に追い詰める「戦略」として用いられます。労働者が「我慢」するなら、別の手を使ったり、更に追い詰めたりを繰り返すまでです。

　2つ目のパターンでは、ほとんどの人が生理的な限界から仕事を続けられなくなります。一部の、生活全般を親に任せることができたり、たまたま強靭な肉体を持っていたりという人だけが残ることができます。

　3つ目のパターンでは、主に良心が「我慢」の障害となります。虐待や死亡事故が起きても「仕方ない」と割り切れる人、職場で起きているパワハラやセクハラに目をつむり、鈍感でいられる人だけが働き続けることができます。

　私は、特に第3のパターンの職場で働き続けるぐらいであれば、さっさと辞めて、後述するように生活保護を受けた方がいいと思っています。冷たい言い方に聞こえるかもしれませんが、振り込め詐欺をして生きているようなものだからです。誰しも犯罪行為の手伝いなどしたくないでしょう。それをしなければ生きていけないほどに経済的に追い込まれているのであれば、生活保護を利用する要件はまず満たしています。

　要するに、いずれのパターンも、「我慢」ではもたない、あるいは「我慢」すべきでないのです。しかも、いずれのパターンについても、自浄作用が働く見込みは乏しいといえます。よく「そんなに短期間で人が入れ替わるような職場は業務が続けられなくなってしまうから、そのうち会社も労務管理を改めるのではないか」という楽観的な意見を耳にしますが、決してそう言い切ることはできません。

第1のパターンでは、とりわけ「即戦力」の選別を行うシステムを会社が採用しているわけですから、その会社にとっては離職者がたくさんいるのは想定内の事態です。どうせ来年も優秀な学生が集まってくる。そういう計算が立っています。第2のパターンでも、短期間で人が入れ替わる事態は会社にとって危機的な状況ではありません。マニュアル労働中心の職場は代替がききやすく、社員が辞めたとしてもすぐに別の社員をあてて対応することが可能です。一方、第3のパターンでは、刑事処分や行政処分、民事訴訟の対象となるリスクを常に抱えこむために会社にとっても経営合理性は乏しいと言えます。しかし、自己解決するだけの力がないために、あるいは経営者が前科がつくことや裁判で訴えられることを何とも思っていないために、やはり自浄作用は働かない場合が多いのです。

これらのパターンのいずれかに該当する会社で働いている場合には、第4章で紹介する「見極め」を早めにした方がいいでしょう。自分が我慢すれば済むとか、しばらく耐えていればそのうち何とかなるとか考えていても、それは自分を追い詰めるだけになってしまうかもしれないのです。

「正社員＝安定」という幻想が、「ブラック企業」を強くする

「正社員になれば、そのあとは安泰だ」。このイメージは、「ブラック企業」の蔓延によって、完全に通用しなくなっています。ところが、私たちの親の世代では「正社員＝安泰」という図式にある程度リアリティがあったため、一部の親や教師は依然として「正社員」に対する幻想を保持しています。

そうした世代にアドバイスをもらう私たちの世代は、もう親の時代と正社員の扱われ方が大きく違うのに、「正社員＝安定」という図式を相変わらず受け取り続けてしまいます。これを鵜呑みにして「安定しているはずの正社員」にしがみつこうとすると、「ブラック企業」にとって「いいカモ」になってしまいます。

法律上は従う必要のない命令に従う人がいるからこそ、無茶な命令で会社がまわっていくのです。なぜ若者が無茶な命令に従ってしまうのかを考えると色々な論点が出てきますが、正社員の職にしがみつきたいという気持ちが、その態度を支える一助になっていることは否定できません。「せっかく見つかった正社員の仕事だから」。この気持ちにつけこむことこそ、「ブラック企業」が社会的非難を浴びる所以です。

日本の正社員はよく「社畜」と貶《けな》されてきました。でもあえて言うなら、我慢してしがみつ

いてさえいれば彼らは餌を与えられたのです。しかし、「ブラック企業」の正社員が追いかけているのは、ただの疑似餌です。そんなものにいくら食いつこうとしても、決して生活が満たされることはありません。

「社畜」とは違う処世術が求められる時代

では、「社畜」にすらなれない私たちの世代は、一体どうすればいいのでしょうか。第1章で見てきた精神疾患や過労死などの極限に行きつかなくとも、多くの若者は常にその瀬戸際におかれているようなものです。そんな時代にこそ求められるのが、「我慢」以外の戦略です。

これまでの日本の正社員は、我慢をするのが処世術でした。契約や法律を念頭に置いた戦略的な振る舞いを放棄して、全身全霊を会社のために捧げる。でも、そのかわりに、雇用は安定していて、勤続年数とともに賃金があがって、たくさん残業すれば出世もできて、会社が儲かればボーナスに反映される。会社の利益のために残業代が払われていないことを我慢するぐらいは、たいした損失ではない……。そういう意味で、「サービス残業」は、労働者個人にとってもそれなりに合理的な選択だったのです。この場合は、会社の違法状態を我慢することが1つの有効な「戦略」だった、と言えます。

でも、今の時代は、その「戦略」は多くの局面で通用しなくなりました。「ブラック企業」で同じ処世術を使おうとしても、健康と職を失うのが関の山です。バイトなみの賃金で長時間働いて、体を壊して自主退職を迫られる。ここでは我慢するという選択肢は、何の合理性もありません。

パワハラにしてもそうです。昔は社内いじめと言えば、派閥争いなどもありましたが、電力会社に勤めながら原発反対運動をしていたり、経営陣の意図に反して組合活動をしていたりするような人が主な対象でした。目立つ人こそいじめられていたわけです。ところが、選別排除型のブラック企業では、その人がどんな人かには関係なくいじめの対象になります。事ここに至っても大人しく我慢する選択肢を採用するのは、ちっとも合理的ではありません。

「我慢」が通用しないこれからの雇用社会を生き抜くためには、様々な戦略が必要になってきます。第3章・第4章では、会社に入る前の段階で有効な「戦略」を紹介することにしましょう。

第3章

「就活」に踊らされない心構え

近年、就職活動（以下、「就活」）は急激に過酷さを増したと言われています。POSSEが行った調査では、就活を経験した人の実に7人に1人がうつ状態と思われる心理的不安に陥ったという結果が出ています（『これが論点！　就職問題』児美川孝一郎編、日本図書センター参照）。

どうして、就活はこんなにもつらいのでしょうか。このつらさの原因を読み解くことで、就活の荒波を乗り越えていく方法が見えてくるはずです。「ブラック企業」に巻き込まれないためにはどうすればいいのかという観点から、この就活のつらさの原因について検討してみましょう。

就活は恋愛？

「就活は恋愛だ」。就活を経験した方は、こんなたとえを聞いたことがあるかもしれません。まず、自分の性格や適性を分析して、どんな仕事が向いているのか、どんな仕事をしたいのかをある程度絞り込む。そして、気に入った会社を見つけてエントリーする。そして、今度は会社に気に入ってもらうために、また自己分析をして自分の長所や短所をよく理解し、エントリーシートの書きかたを練習し、コミュニケーション能力やプレゼン能力を身につける……。これが、多くの学生に共有されている1つの就活スタイルではないでしょうか。

「就活＝恋愛」。確かにこのたとえは、就活の一面を示しています。しかし、就活が恋愛に似ている部分があるとすれば、それは就活の楽しさというよりも、むしろきつさの面においてなのです。

就活と恋愛は、いずれも全人格的な評価によって結果が左右されるという共通の要素を持っています。これは日本の労働者が、営業なら営業、経理なら経理といった特定の仕事で採用されず、配属先の不明なまま人事に一括で採用されることと裏表の関係にあります。もちろん、その際にもいくつか採用の指標があるかもしれませんが、市場としては何か明確な採用基準があるわけではありません。ですから、仮に自分が会社に思いを寄せていても、振り向いてもらうためにどんな努力をしたらいいのかはわかりません。これぐらいの努力をすれば確実に認めてもらえるのだという担保は、どこにもないのです。

また、会社の採用に落ちたときにも、「恋愛」と似たつらさが降りかかります。たとえば入学試験であれば、テストの答案を見返して、どこで失敗したのか、どんなところを克服すればいいのかがわかります。でも、就活は、全人格が評価の対象となります。そうすると、自分の人格を反省するしかありません。

どれぐらいの努力をすれば振り向いてもらえるのかわからないなかで失敗した以上は、自分の人格に反省すべき点があったのだと考えざるを得ないでしょう。これが、就活生を精神的に追い詰める大きな要因となっています。こんなことを繰り返していれば、精神的に大きなダメージを受けてもおかしくありません。どんな仕事をするか、どんな技術を持っているかで採用が決まらない、日本の就活独特のつらさを、ここに見ることができます。

就活は恋愛とは違う

一方で、言うまでもなく就活と恋愛は別物です。大きな違いの1つは、学校を卒業するときに成功したかしないかで将来の生活水準が大きく左右されてしまうという点です。その時期までに特定の相手（会社）を見つけて内定をもらっていないと、生活する見込みが立たないのです。このことが、就活生を精神的に追い込みます。

また、もう1つ大きな違いがあります。近年の就活では、学生は就職情報サイトを使って全国の全産業の全職種の募集から会社を選ぶことになります。反対に、手近な伝手《つて》をたよった形での就職ルートは狭まっています。多くの人がたくさんの会社にエントリーするわけですから、当然、ひとつひとつの会社での競争は、過酷なものになります。たとえば、100人の人間に100個の椅子があるとしても、100人が毎回すべての椅子に座ろうとすれば、倍率は毎回100倍になります。

「就活＝恋愛」というたとえは、こうした過酷さを一切無視したものなのです。

就活を経て過酷な労働を受け入れるようになる

毎回1個の椅子を大人数で争うことは、単純に考えて非効率です。しかも、毎回エントリーシートを書かせ、そのために独自の質問項目を作るのですから、学生だけでなくチェックする会社にとっても大きな負担となります。

さらにこうした就活の仕組みは、効率的でないという以上の弊害をもたらします。先ほども述べたように、なかなか就活で成果が得られなければ、何度も全人格的な反省を迫られることになります。そこで精神的にはがんばって乗り切ったとしても、100社受けて1社しか受からなかったら、どう思うでしょうか。その1社が「ブラック企業」だったとき、「次を探そう」と思えるでしょうか。

POSSEに来る相談者の中には、理不尽な目に遭っているにもかかわらず、「ブラック企業にしか入れなかった私が悪い」と言う人がいます。また、そこまで自分を責めていなくても、「辞めても次の会社が見つかるかわからないからもう少し働いてみる」「ここしか自分の働けるところはないから」と「ブラック企業」にしがみつく人もいます。「何度も会社を落とされた」という事実が、彼らの期待の水準を下げ、「ブラック企業」に従順な人間を作り出しています。

現在の就活スタイルそのものが、「ブラック企業」へと若者を送り出し縛り付ける1つの装置になってしまっているのです。実際に、過酷な新人研修・業務で知られる「王将」の人事担当者は、初めは誰も王将にエントリーしないけど、就活が一定時期を過ぎると、徐々に応募者が増えてくると語っています。

ちなみに、「就活の当初は座れもしない大企業の椅子を高望みして、しばらく経ってようやく中小企業に目を向けるようになる」ような就活のあり方を「妥協型就活」と呼んで批判する識者もいます。これを主張する人と、就活は恋愛だという人が同じ人材系のグループ会社だったりするのですから、たちが悪いと言わざるをえません。いちばん好きなところ、自分にあったところを選びましょうと空疎な理想論で煽り立てておきながら、一方では身のほどを知らないから非効率な就活をすることになるのだと批判する。しかも、その非効率な就活によって生じている面接業務まで同じグループの他の会社が請け負うこともあります。

就活生にとって、こうした一連のビジネスに煽られないことも、必要な技術の1つだと言えます。

就活の波に溺れないために

就活の波にただ身を任せてしまうと、「ブラック企業」へと流されてしまいかねません。就活の波に溺れない術を身に着けておく必要があります。

そのためにまずはっきりさせておくべきは、就活で「勝ち組」になることは、就活の波に溺れないこととは違うということです。就活で「勝ち組」になるためのノウハウを解説した自己啓発系の書物が多数出版されていますが、こうした指摘はあまりなされていないようです。

就活が恋愛であるという考え方に、もっと言えば、就活においては全人格的な評価を受けるという現実に対して、そうではなく、単に相性のよしあしの問題なのだ、などというふうにあらかじめ波の勢いをいなす身構えをしておかなければ、就活の論理に簡単に振り回されてしまいます。

全人格的な評価を真に受けてしまうと、なかなか内定が決まらないことで憂鬱な気持ちになってしまうかもしれません。また、何度も落ちてようやく内定先を得たとしても、もはや「ブラック企業」に適合的な考え方に染まっているかもしれません。さらに言えば、仮に多くの内定をとったとしても、それが自分の持っている長所や希望する仕事についての適性を評価されたのだと誤解すると、入社後に途端に壁にぶつかることになります。リクルートワークス研究員の豊田義博さんは、これを「就活エリートの迷走」と呼んでいます。

会社はこれからの潜在的な能力を評価して採用しているのに、労働者は自分の今の力が認められていると思うので、すれ違いが生じるのです。そして、自分が期待するほどすぐに活躍できるようにはならないので、早期に退職してしまう。こういう一幕も、全人格的な評価を真に受けてしまうことの弊害だと言えるでしょう。就活という競争で勝ったと思っていても、就活というシステムに踊らされているという意味では、負けてしまっているのです。

しかも、全人格的な評価は、会社に入っても続きます。就活の時点ではその評価で勝ち抜けたとしても、それを当然のもの・正しいものだとして内面化してしまうと、「お前は社風に合わない」「コミュニケーション能力が足りない」などといった理由で解雇されたりパワハラまがいの「研修」をされたりしたときに、おかしいと思う思考を完全に奪われてしまうことになります。

就活の波に溺れないための第一歩は、むしろそうした評価の仕組み自体を、批判的に見ておくことに尽きるのです。

もちろん、「もっと明確な評価を」と1人の就活生が提唱したくらいでは、社会は動きません。その会社を不採用になって終わるのが関の山です。

では、就活に投げ込まれた個人は、どうすればよいのでしょうか。就活が全人格的な評価で決まるということを理解し、そうした仕組みに適応するように振る舞い、しかし決してその評価を内面化しないという面従腹背《めんじゅうふくはい》の姿勢が、1つの解になります。

繰り返し言いますが、目をきらきら輝かせて「就活＝恋愛」論を語る人に乗せられてはいけません。運命の相手、生涯の伴侶を選ぶような感覚で会社を選んだところで、長期雇用慣行は崩れつつあります。熱意を持った人には多くの人が惹かれますし、私自身も熱意のある人は好きですが、就活にその熱を無批判に傾けるのは危険なのです。自分が熱意を傾けるだけのなにかが就活にあるのか、そこから考えてみる必要があります。

どうすれば就活のつらさから逃れられるのか

とはいえ、就活から逃げ出すことは、多くの人にとって現実的な解決策ではありません。先々の生活がかかっているからです。言ってみれば、未来の自分が人質にとられているようなものです。

このように考えてみると、実は、就活のつらさは、非正規の人たちが抱えるつらさと同じように、正社員でないと安定して生きていくことができないことに原因があると言えます。これは、正社員が「ブラック企業」から逃げ出せないつらさと共通するものでもあります。その意味では、非正規になった人が安心して生きていけるための制度設計は、非正規以外の正社員や就活生など、すべての人に共通の課題なのです。

また、就活や働いているあいだに見られる全人格的な評価という問題も、正社員、非正規社員に共通の課題です。

これらの課題に取り組んでいくことは、社会的に大きな改革を要求します。しかし、この難題にチャレンジしなければ、働く若者のつらさの最も根深い部分は変わらないだろうと思います。では、そのために私たちひとりひとりにできることは何なのでしょうか。最後の章で考えることがそのヒントになるかもしれませんが、この章での話はここまでにとどめておきましょう。

就活の場で求められる振る舞いをするとしても、魂までは売り渡さない。ひとまずはこれを確認したら、危ない会社の具体的な見分け方にテーマを移しましょう。

第4章 働いてはいけない企業を見抜く

働いてはいけない企業がある

働いたら身を滅ぼす。そんな企業があることを知り、じゅうぶん警戒しておくことが、就活や転職の際に必要な構えです。働いてはいけない企業があることは、これまでに繰り返し強調した通りです。

そもそも、会社に入って働いていれば立派だという意識に大きな間違いがあります。失業して雇用保険を受け取っている若者から、「働きもせずにお金だけもらっているばかりでは迷惑なんじゃないか」と質問されることがあります。その気持ちはよくわかります。しかし、きちんと仕事を選ばないと、病気になってもっと長く働けなくなってしまうかもしれません。また、詐欺まがいの営業をさせられたり、虐待・死亡事故の多発する介護・保育の現場で働くことになったりと、その仕事の片棒をかつぐ方が社会にとっては迷惑な、そんな会社もあります。戸宅訪問で怪しい商品を売ってまわって自分で稼ぐより、雇用保険を受け取ったり実家の世話になったりしながらボランティアでもしていた方が、社会的にはよっぽど有益でしょう。

とはいえ、生活のことを考えると会社で働かないわけにはいかない、というのも現実的な悩みです。では、どうやって働いてはいけない企業を避けたらよいのでしょうか。

残念なことに、「働いてはいけない企業」を求人から排除する仕組みは日本にはありません。POSSEに来た相談者に就活先をどこで見つけたか聞いてみると、大学キャリアセンターや高校の進路指導室、ハローワーク（公共職業安定所）、経済産業省の「ドリームマッチナビ」、就職情報サイト、求人情報誌、就職エージェントなどが挙がります。あらゆる経路から、問題のある会社に行き着いていることがわかります。

もちろん、学校にしてもハローワークにしても、熱意と知識にあふれた人が「あそこには行かない方がいいよ」とこっそり教えてくれることはあります。

しかし、そういう人は特殊なのです。どの職員もそんな風に教えてくれるわけではありませんし、その仕組みが整備されているわけでもありません。事前に注意喚起してくれるケースの方が圧倒的に少数です。

なぜ「怪しい会社」を教えてもらえないのか？

「あそこは怪しいよ」と教えてもらえなかったり、「ブラック企業」と呼ばれるような会社が平気で求人媒体に載っていることは、なんだか不思議に思えるかもしれません。

自分の会社が関わっているわけでもなければ、お金をもらって口止めされているわけでもないのに、なぜ就職支援をする媒体は、利用した学生や求職者を「ブラック企業」に送りこむようなことをしてしまうのでしょうか。

このことについて少し掘り下げて考えてみましょう。

学校の先生は世の中の厳しさを知らない？

多くの大学や専門学校にとって、どれくらいの人が就職できたかという就職率は非常に大きな意味を持っています。学校のパンフレットを見てみると、翌年以降の新入生を募集する際に、就職率や入った会社の名前を大きく打ち出していることがわかります。一方で、会社に入った人がどのように仕事を辞めたのかということは、ほとんど評価の対象になりません。就職できた数字のみを重視することが、「ここは危ない」という情報を封じてしまう1つの要因になっています。

経済産業省の「ドリームマッチナビ」などの施策も、同様の視点で考えることができます。この事業の成果は、どのくらいの人を就職させたかで評価されます。そして、その成果が次年度の予算や、委託先の決定に影響します。会社に入った人がうつ病になったかどうかは、評価項目にあがりません。そうすると、やはり就職実績が上がることだけが主眼となりがちです。

ただし、実際に生徒に接する高校や大学の教職員に関して言えば、いくら就職実績を上げるように圧力が働いていても、その数字のためだけに教え子を売り渡すようなまねはしにくいのではないか、と思われます（そうであることを期待します）。にもかかわらず、すぐに「ブラック企業」とわかるような会社にも生徒を送り出してしまうことの要因には、「ブラック企業」に対する認識の不足があります。

ＰＯＳＳＥの活動の一環で、授業をしてほしいと学校に招かれることがよくあります。高校の進路指導担当の職員やキャリアセンターの職員と話す機会も何度もありました。そこで驚いたのは、送り出す側の先生たちが「ブラック企業」の実態をあまりに知らないということでした。

授業に招かれた先で、「学生に権利ばかり教えてしまうと、かえって就職しづらくなってしまったり、職場の人間関係に支障をきたしたりするのではないか」「社会の厳しさをきちんと教える方が先ではないか」と言われ、唖然としたことも何度かありました。

こういう先生と話してみると、多くは、就職できなかったときの厳しさをよく知っていて、その苦しみを味わわせないために何とか生徒を就職させたいと考えています。決して悪気があるわけではありません。でも、あえて言わせてもらえば、残念なことに彼らは「ブラック企業」の厳しさを知らないのです。

何も知らずに入ったが最後、無事でいられるかどうかわからない会社があるわけです。そのぐらい、若い人にとっては厳しい状況が広がっています。そのときに自分の身を守る術を知らなければ、ただ振り回されて苦しい思いをするだけです。

教え子がパワハラで精神疾患になったり過労で倒れたりして後悔している先生にも、これまで何度か会う機会がありました。この人たちは本当に生徒思いの教師だと思います。でも、そういう教師の鑑のような人であっても、教え子を「ブラック企業」へと送り出してしまうことがあるのです。

この数年だけをみても、「ブラック企業」問題の広がりとともに、教育現場の意識も徐々にではありますが変わってきています。熱心なキャリアセンターの取り組みも、いくつか耳に入るようになりました。しかし、まだこの変化は十分ではありません。学校の先生やキャリアセンターの職員に紹介してもらったからというだけでは、やはり危ないのです。

ハローワークは「ブラック企業」も公平に扱う

では、ハローワークはどうでしょうか。

ハローワークが「ブラック企業」の情報を紹介してしまう最大の理由は、ハローワークの「公共性」にあります。要は、載せたい企業を自由に選別することができないということです。好き勝手に載せていいということになれば、公平を保つことはできません。だから、企業の依頼があれば、求人を載せる仕組みになっています。

とはいえ、過労死を出した会社ぐらいは掲載を取りやめてもよさそうなものです。そんな会社までハローワークにゴロゴロしていたら、安心して職探しができません。でも、過労死を出した企業は、もしかしたらそのあと猛反省してとてもいい雇用環境を整備しているかもしれません（経験的にそういう場合はごく稀ですが、あくまで可能性の問題としては、ありえます）。その可能性がある限り、やはり勝手に求人を取り下げるわけにはいかないのです。

私が受けた事案のなかで、相談者が「こんな会社にこれ以上他の人を関わらせたくない」と強く希望していたために、ハローワークに行って求人情報の掲載を中止するように求めたことがあります。賃金がまったく約束通りに支払われず、労働時間も毎日早朝から終電まで働くような会社で、辞めたいと言った労働者が社長から殴られていたという事案でした。労働時間の記録や給与明細などの資料はもちろん、当事者が殴られたときの録音があったので、それも持っていきました。このときはハローワークの職員の方にも状況をよく理解してもらって、求人を取り扱わないことを約束してもらいました。しかし、こうした対応はあくまでイレギュラーなものですし、職場で違法状態を経験している労働者ががんばらないと、職場の実態までは彼らにはわかりません。ハローワークには職場の実態を調査する権限はないからです。

国の機関であるハローワークに情報が出ていても、やはり安心できません。

就職情報サイトを信用してはいけない

さて、就職情報サイトはどうでしょうか。

恐らく就活生のほとんどが、「リクナビ」や「マイナビ」といった就職情報サイトを情報収集に活用しているはずです。新卒採用だけではなく第二新卒や中途採用の情報も掲載していますから、利用者の数はそれ以上に多いはずです。

しかし、「ここの情報は本当に信頼できるのか」と考えたことがある人はいったいどれくらいいるでしょうか。学校やハローワークよりも多くの人が関わっているし、ホームページもしっかりしているし、何だか信頼できそうな気がしてはいないでしょうか。

はっきり言っておきます。就職情報サイトの情報を信じきっているのであれば、それは危険です。

就職情報サイトは、学校ともハローワークとも決定的に異なる点があります。それは利害関係です。就職情報サイトだけが、会社からお金をもらっているのです。

「なぜ怪しい会社を教えてもらえないのか」を考えるにあたって、最初に「口止め料としてお金をもらっているわけでもないのに」、と前置きをしました。でも、「口止め料」という名目ではなくても、お金を出しているスポンサーの悪口は言いづらいものです。

それだけではありません。就職情報サイトは、広告掲載料としてお金をもらっています。つまりは、「あなたの会社を宣伝します」と言って、その仕事でお金をもらっているのです。たとえば、「独自取材」と銘打たれたページも存在しますが、これはより高額の料金を払った会社のためにオプションとして設けられたサービスにすぎません。ここに、私たちが信頼できるレベルでの客観性・公平性が入り込む余地はありません。

学校やハローワークのように生身の人間もいませんから、「あそこは怪しいよ」と教えてもらえる機会もまったくありません。信用しようにも、その根拠がないのが就職情報サイトなのです。

実際、過労死・助成金の不正受給・医療事故などが報じられたとき、「リクナビ」や「マイナビ」に問い合わせたことがあります。

質問はこうです。「○○社はこういう不祥事を起こしたとテレビで観たんですが、御社のホームページにある記載と矛盾するようです。記載内容を変更する予定はありませんか？」

これまで何度か問い合わせていますが、掲載元の許可なく記載を変えるようなことはしないというのが大体の回答です。みなさんもニュースで企業の不祥事を見かけたら問い合わせてみるとよくわかると思います。

では、就職情報サイトの情報をまったく見ない方がいいのかというと、そんなことはありません。しかし、まずは就職情報サイトに「この会社は危ない」なんて情報が出るはずがない、ということを認識しておくことが重要です。

最終的には自分で調べるしかいない

こうやって見てくると、比較的利用しやすい企業情報は、自分の身を守る上ではあまり役に立たないことがわかります。

もちろん、ハローワークや学校の求人をただ利用しただけでも、元々与えられている役割を超えて「あそこは危ないよ」と教えてくれる奇特な職員に出会えれば何とかなるかもしれません。しかし、その人たちにしても「ブラック企業」の情報を網羅的に把握しているわけではありません。というより、ＰＯＳＳＥも含めて、そうした情報をすべて集積している個人や団体はありません。

たまたまいい人にめぐりあって、たまたまその人が自分の入りたい会社の情報を細かく知っている。こんな幸運に恵まれない限りは、常に「入ってはいけない企業」に入ってしまうリスクを抱えているのです。

こうしたリスクを少しでも軽減するには、自分自身で働いてはいけない企業を見抜く力を磨いていくほかありません。

中途採用の場合、お金のある人は、就職エージェント会社にお金を払って求職活動をする手もあります。しかし、業者によっては非常にずさんなところもありますし、彼らも就職を実現して仲介料を受け取るビジネスです。私たちの相談事例でも、大手の就職エージェント会社から紹介されて中途入社した職場が「ブラック企業」だった、という例は少なくありません。こちらが顧客になったからといって、安心はできないのです。やはり、入る会社は最終的に自分で判断するほかありません。

離職率の高い企業には要注意

では、働いてはいけない企業を見抜くには、どんなところに注意すればよいのでしょうか。まず最も注意すべき数字が離職率です。1年でどのぐらいの人が辞めているのかはとても重要な指標になります。離職率が高い会社は、自分も長く勤められないかもしれないことが容易に予想できるからです。

もちろん、離職率が高いからといって必ずしも劣悪な雇用環境だとは言えません。短期間でかえがたい経験を積んで、どんどん独立していく。もしかしたらそんな会社かもしれません。ただ、そういった会社に入れるのはほんの一握りの人たちです。それこそ、「リクナビ」や「マイナビ」に登録する必要もなく入る会社が決まってしまうような人たちです。ほとんどの人にとってはあまり縁のないところだと思ってよいでしょう。加えて言えば、その手の会社は往々にして激務です。

いずれにしても、離職率が高い会社はよくよく働き方を調べてから入っておくのが無難そうです。では、離職率はどうしたらわかるのでしょう。

『就職四季報』『就職四季報女子版』（いずれも東洋経済新報社）には、入社3年後の離職率が掲載されています。このデータを見れば、離職率がわかります。

離職率がわからない場合

『就職四季報』を見ても離職率がわからない。そんな企業もあります。そんなときにはどうしたらいいのでしょうか。

たとえばここで気をつけておいた方がいいのは、「NA」（無回答）としている会社の評価です。「無回答」というのもまた1つの回答です。「聞いていないからわからない」とはわけが違います。

当然ながら、離職率が低ければ離職率の数字そのものを公表するはずです。会社側の立場に立てば、隠すメリットがありません。だから、「NA」と回答している企業については、離職率が高いのではないかと警戒しておいた方がよいでしょう。

また、離職率そのものが公表されていない場合、別の値から離職率を推察する方法があります。

まず、会社の採用人数です。従業員数に比べて採用人数がなぜか多い会社は、たくさん辞めていくことを初めから計算に入れた採用をしているとみてよいでしょう。もちろん、急成長している可能性もあるので、何年かさかのぼって見て行く必要があります。

次に、社員の年齢構成も離職率を推察する上で役に立ちます。毎年採用があるのに、30代から上の職員がなぜか少ない。そういう会社には、30代まで勤められない何らかの事情がある、と推測できます。

また、平均勤続年数などの数値がわかる場合には、これも自分がどのくらい勤められそうなのかの目安となります。

就職情報サイトを上手に活用しよう

就職情報サイトを活用するのも1つの手です。

就職情報サイトには、企業が見せたいところしか出ていません。だからそれをそのまま信用してはいけないのですが、逆に「会社はどういう風に見られたいのか」を知るときの良い材料にはなります。そういう風に考えてみると、本当はネガティブな情報を、ポジティブな表現に変えているだけかもしれない、と疑問を持つことができます。鵜呑みにしないことで、新しい使い道が見えてくるのです。

たとえば、仕事のやりがいや、お客さんにありがとうと言われる素晴らしさなどを強く打ち出しているような場合は、他の労働条件はあまりよくないのかもしれません。他にほめることがない会社に人を集める立場に自分がなったと想像して考えてみれば、きっとそういう宣伝文句を思いつくはずです。

また、「新人でもすぐに活躍できる」などの文句を前面に打ち出している職場では、「ろくに研修もないままにすぐ責任の重い仕事を押しつけられるのではないか」とか、「会社に入った人がすぐに辞めてしまうから新人に仕事を任せないとやっていけないのではないか」と考えてみることが大事です。

それから、「プライベートでも仲がいい」と打ち出している会社を見たときは、「もしかしたらプライベートがないのではないか」、「休みの日も社員研修や講習会の予定を入れられるのではないか」と考えてみる必要があります。

宣伝文句の裏に、本当は酷い実態が隠されているのか、それとも言葉通りの良い会社なのか、それは就職情報サイトの文言だけでは判断できません。しかし、そういう疑問を持つ過程を経ることで、慎重に吟味するポイントをある程度しぼることができます。

最後に、稀にではありますが、法律を守る気のないような言葉がオープンになっている場合もあります。「営業時間中に休憩をとる人は二流だ」とか、「労働基準法を守っていては経営が成り立たない」とか、「自分の権利を主張する人は商売人に向かない」といったものです。働き方についての見解を持つ自由は誰にでもあってよいものですが、それが嵩じて法律やルールを守ることがおかしいと言ってしまう人たちがときにいるのです。仮に法律が間違っていると考えたとしても、それを変えるのではなく、勝手に破ってしまえばよいと考えるような人の下で働くのは、とてもリスクが大きいことです。

固定残業代に要注意

もう1つ、重要なチェックポイントがあります。それは「固定残業代」です。

「固定残業代」とは、月給に一定額の残業代（1日8時間・週40時間を超えて働いた場合に25％増で支払われる賃金）が含まれている場合を指します。法律上の用語ではないので、「定額残業代」や「営業手当」など様々な呼び名がありますが、ここでは「固定残業代」と呼ぶことにします。

たとえば、次のような労働条件が書かれていた場合は「固定残業代」にあたります。

> 月給200000円（45時間分の残業代を含む）

「45時間分の残業代」のところは、「営業手当」「ＯＪＴ手当」のように別の名称のものが入ることもあります。たとえば、「リクナビ２０１３」で「株式会社大庄」の大卒者の労働条件をみてみると、次のように書かれています。なお、大庄が経営する「日本海庄や」では、新卒入社した20代の男性が入社わずか4ヵ月で過労死しています。

> 月給205000円（基本給＋職務給＋OJT手当）
> ※OJT手当とは時間外勤務45時間相当額として定額で支給する手当。45時間に満たない場合であっても支給する。

名称がなんであれ、超過勤務した部分の賃金が含まれているのであれば「固定残業代」です。ちょっとややこしいと思われるかもしれませんが、月給に何かが含まれていたら要注意だと覚えておいてください。

「固定残業代」に気がつかないまま契約を交わすと、期待していたよりもずっと低い賃金しか支払われません。計算してみると、かなりの損をすることになります（「固定残業代」のデメリットについては次の図を参照のこと）。

Aさん		Bさん
基本給 210,000 円	①求人の条件	基本給 210,000 円（営業手当として 80 時間分の残業代 8 万円を含む）
基本給：210,000 円 残業代：125,000 円＊ 合　計：335,000 円	② 80 時間残業した月の賃金	210,000 円
1,250 円	③時間当たりの賃金（②の場合）	774 円＊＊ （残業した部分については、1 時間当たり 1000 円）
4,020,000 円	④年収（②× 12）	2,520,000 円

☆ 年間の賃金だけを考えても、会社は約 150 万円も得をする!
☆ 80 時間を超える残業代や雇用保険を計算する際の基礎になる金額も低くなる!

＊）計算を簡単にするため、月の所定労働時間を 168 時間・割増率 1.25 倍として計算。
＊＊）168 時間働いて真の基本給 130,000 円を得られるものとして計算。なお、この金額は、首都圏や大阪などでは最低賃金法に違反する（2014 年 2 月現在）

図表 1　固定残業代を含まない求人と含む求人との違いの例

「固定残業代」はなぜ危ないのか

「固定残業代」に注意した方がいい理由は、単に損をするからだけではありません。この手口をとる会社は特に、「ブラック企業」ではないかと疑った方がよい会社です。

1つ目の理由は、この「固定残業代」という条件表示の仕方が誇大広告やだまし討ちに近い類のものだからです。

初めからきちんと基本給を示した上で、残業代を一部必ず支給すると分けて書くこともできるはずです。そういう書き方をせずにあたかも高給であるかのように見せかけるのが「固定残業代」です。こういう書き方はフェアではありません。「固定残業代」だと読み解くことができない人を騙す以外のメリットがありません。そういうことをしている会社だとわかるのが、「固定残業代」の意味です。

2つ目の理由は、こういう仕組みをとる会社には悪知恵の働く専門家がついていることが多いからです。

「固定残業代」が騙しているようなものだとはいえ、本当に騙してしまうと問題になりかねません。そこで、一応は違法にならないギリギリの範囲で体裁を整えています（もし労働者から文句を言われても、「読み取れなかった労働者が勘違いしていただけ」と主張するわけです）。

こういうことに力を注ぐ会社が、「固定残業代」以外に法律の逸脱を行わない保証はありません。

3つ目の理由は、過労が常態化している危険性があるからです。なぜ、会社が固定して残業代を払うのか。それは、だいたいそのぐらいの残業をするからだと思っていてよいでしょう。ほとんど残業のない職場で80時間分の残業代を毎月払うなんてことは、普通に考えてありえません。

以上の理由から、「固定残業代」をとる会社は特に警戒した方がよい、という結論になります。

よくわからない書類に一方的にサインさせられたら要注意

もう少し場面を進めて、契約のときに注意すべきことを紹介しましょう。

ここで働いてはいけない企業を見抜くポイントは、よくわからない書類にサインさせられないかどうかです。

これまで相談を受けてきたケースでは、「退職時には一切の権利を放棄します」という書類にサインをさせられたり、「万が一のときは損害を補填します」と親に対して保証人のサインを求められたりということがありました。まだ働いてもいないのに、退職時の権利（何の権利かはこの時点ではわかりません）を放棄させられる。日付も空欄のままです。この話をしたある弁護士は、「そんな書類の存在そのものが不当だ」と苦笑いしていました。

こういう会社は、まず労働条件を明らかにしません。少し前まで日本の職場では契約書を交わす慣行も法律もなかったのですが、今は法律で労働条件を明示することが義務づけられています。書面で条件を示さないと違法なのですが、サインだけさせて労働者に控えを渡さない場合も少なくありません。

日本の職場の慣行で書面を交わさないところはまだまだ多く、まあまあまともな雇用環境の企業も契約書を渡さないことがあります。そのためそれだけで判断するのは難しいのですが、働く側にだけ何だかよくわからないサインをさせる会社は怪しいと思ってよいでしょう。

「ブラック企業の見分け方」ガイドブックを活用しよう

こうした「見分け方」について、終章213頁でも紹介する「ブラック企業対策プロジェクト」が、『ブラック企業の見分け方〜大学生向けガイド〜』（http://bktp.org/news/144）を無料で公開しています。教育学者の上西充子さん、人材コンサルタントの常見陽平さん、ＮＰＯ

法人POSSE代表の今野晴貴の共著による作品で、この3名はいずれもこのプロジェクトに参加しているメンバーです。

本書でも「見分け方」の基本的な考え方を整理していますが、このガイドブックは、各分野の専門家が執筆しているため、より厚みのある内容になっています。人事担当者の視点を意識することで改めて「ブラック企業」の見分け方が身に付いたり、実際の『就職四季報』の情報を駆使しながらヴィジュアルで注意すべき点がわかる構成になっています。

記録を残そう

ここまで、就活の際に「ブラック企業」を見抜く技術を紹介してきました。

実際に就職活動をするに当たっては、ただ見抜く努力をするだけではなく、記録を残しておくことが大切です。

自分が最初に求人を見つけたときの条件、入社説明会や面接で聞いた条件、契約書に書いてある条件、実際に働いてみたときの条件。これらが違っているということは頻繁に起こります。

自分はどの時点でどんな条件で働くと思っていたのかという資料は、自分で残しておくほかありません。こういった情報は、「ブラック企業」とどうしても交渉せざるを得ない、そんな大事なときにとても大切な資料になりえます。

この解説は第7章「「ブラック企業」から脱出する」に譲りますが、とにかく記録を残しておくことが大事なんだと覚えておいてください。万が一のときに、きっと自分の身を守る道具になるはずです。

見抜く技術の限界

これだけのことを念頭におけば、露骨な「ブラック企業」は避けられるはずです。

しかし、単独の技術を過信してしまうと、痛い目を見ることがあります。「いい会社に違いない」と思って入ったのにとんでもない働き方が待ち受けていたりすると、パニックになって思考停止状態に陥ってしまいかねません。「会社の悪い所を見抜けなかった自分が悪いんだ」と自分を責めてしまうと、次に打つ手も鈍くなります。

ですから、ありもしない完璧な見分け方を追求することよりも、むしろ見抜く技術の限界について知っておくべきです。何ができるのかだけではなく何ができないのかを知っておくことで、初めて個々の技術を有効に使うことができます。

1つ目の限界は、ここまでやっても騙されてしまうことがあるということです。

たとえば、「固定残業代」に注意しようと思っていても、契約書にサインさせる段階まで「固定残業代」の部分を教えない企業があります。そういう意味では、先ほど紹介した大庄はまだ「マシ」な方です。

そういうことまで疑い出すと、ある程度のレベルまでは判断できるとしても、「完全に安全」と断定できるはずがありません。所詮は、外から見ている情報にすぎないわけですから。仮に、会社に信頼できる先輩がいれば情報は入ってくるでしょうが、そんな幸運に恵まれない限り、専門家にも判断がつかない会社はいくらでもあります。リスクを小さくすることはできても、なくすことはできないのです。

2つ目の限界として、入ったときにはよかったけれど入った後に悪くなってしまうことがありえます。

会社の盛衰も激しい時代です。社長が替わったり会社が統合されたりして、いきなり働き方がつらくなる場合もよくあります。また、部署や事業所を異動した先での働き方がつらかったり、そこでパワハラやセクハラに遭うことも考えられます。

3つ目の限界は、「ブラック企業」かもしれないと怪しんでいても、他に就職先がなければそこに働きにいかなければならないことがあります。

これまで、「内定先がブラック企業ではないか不安だ」という内定者から何度も相談を受けてきました。子どもを心配する親から相談を受けたこともあります。

調べてみると、不安に思うだけあってだいたいが「ブラック企業」と疑われる会社です。社名をインターネットで検索すると予測検索で「○○社　ブラック」と出てくるような会社もあります（もちろん、それで直ちに「ブラック企業」と断定できるわけではありませんが）。

でも、自分の内定先が「ブラック企業」だとわかっても、他に内定が「無い」人はどうすればよいのでしょうか。もちろん色々な選択肢があるとは思いますが、これまでに相談にきた人のほとんどは最終的にその会社に入ることを選択しています。これが見抜く技術の最大の限界です。


したがって、「ブラック企業」を避けられなかった場合に、どうすればいいか考えておく必要があります。次章以降では、やむなくブラック企業に入ってしまってからの対処法について、見ていきたいと思います。

第5章

危険な会社に見切りをつける

いま働いている会社に見切りをつける技術

「外から見るだけでは、まともな職場かどうかはわからない」。第4章の最後に、そんな話をしました。

ただ、この言葉には少し怪しいところがあります。それは、「働いてみればまともな職場かどうかを判断できる」ということを前提にしているところです。

自分が働いている職場は果たして「まとも」なのか。「業界の常識」とされるものは、果たして「まとも」なのか。いま働いている人は、自信をもって答えることができるでしょうか。

反対に、「うちの職場は何かおかしい」と思っている人も、どう「まとも」でないのか、自信をもって答えることはできるでしょうか。「うちはずっとこういう風にやってるんだ」と上司や社長から強く言われたら、「ああ、そうなのか」と揺らいでしまうことはないでしょうか。

問題をさらに広げてみましょう。「まともな職場ではないかもしれない」「絶対にまともな職場ではない」。仮にそう思ったところで、会社を辞める決心はつくでしょうか。再就職も厳しいいまの状況で、会社に見切りをつけるのはなかなか大変なことです。

「厳しい業界だけど、自分の夢をかなえるためにがんばりたい」「仕事はつらいけど、せっかく正社員で雇ってもらったからもう少しがんばってみようと思う」。こんな声を、仕事がつらいと言ってPOSSEに相談に来た人から何度も聞いてきました。

彼らと対話する中で言ってきたのは、「見極め」が大切だということです。同じような状況にいる他の人に対しても、機会さえあればこの言葉をかけたいと思います。

夢を追い続けて体を壊してしまっては、元も子もありません。実際に体を壊して、夢の実現が大きく遠のいたり正社員の職を失ったりした人を何人も見てきました。

もっと早く何かできなかったのだろうか。そんなことをいつも考えます。

だから、失う物が大きくなる前に、見極めてほしいのです。

みなさんは、あと1年、今の働き方を続けることができますか?

善意や夢を絡めとる会社

「唯一、私を拾ってくれたのがこの会社だった」。後にとあるニュース番組で取り上げられた際、インタビューにこう答えた相談者がいました。彼女は過酷な業務を、恩返しのつもりで耐えようとしたのです。でも、体に無理がきたとき、会社はまったく誠意ある対応をしませんでした。

▼予備校の事務員（20代、女性）

最初の相談は母親から。娘の仕事があまりに忙しくて体調を崩しているというので、「娘さんから電話をするように何とか説得してください」と伝える。実家から通えない距離ではないのだが、終電で乗り換えなしで帰れるようにと会社の近くに引越しするよう命じられたため、別々に住んでいるのであまり様子がわからず心配だという話だった。

その後、本人から電話。新卒で予備校の講師として採用され、卒業前の3月から「研修」という名目で平日は毎日10時間働かされている。日給はわずか７０００円。

4月に入り、業務が本格化したことで、残業時間は月に１００時間を大幅に超過するようになる。残業代はまったく出ていなかった。彼女の母親から電話があったのが、ちょうどこの頃だった。

その後、彼女と直接連絡をとることができた。聞けば、3月に体調を崩してしまったという。「いまの働き方をあと3年続けられますか?」という問いかけに、彼女は「無理だと思う」と答えた。「じゃあ、」とこちらが言うより早く、「でも、せっかく見つけた講師の仕事だから、できるだけがんばってみようと思う」と付け加えた。

彼女は、子どもに教える仕事に就くのが昔から夢だったという。3月の時点で過労死ラインを超えていること、残業代がまったく支払われていないので最低賃金以下の状態であること、先輩がほとんどいないのに同期が10人近くいるのはおかしいこと、引越しを命じたことからも今後も過労状態が続くのは間違いないことを伝えたが、彼女の意志はかたかった。40～50分ほど話しても説得しきれず「わかりました。でも、このまま働いていたらどこかで続けられなくなるはずです。その時は必ずもう一度連絡をください」と言って電話を切った。

次に彼女から電話があったのは、7月のことだった。「辞めたい」という相談だった。最初の電話からそれまでの状況を聞く中で、彼女が疲弊していく様子が伝わってきた。労働時間は、月を追うごとに長くなっていった。予備校の開校時間に出社しているのはもちろんのこと、早朝から街頭で宣伝用のティッシュ配りをするようになった。長いときで140時間以上もの残業を、1円も受け取らずに行っていた。

何よりも彼女の心を折ったと思われる（彼女はそうは言っていないが）のは、講師から事務職へ回されたことだった。

ある日、彼女は上司に呼ばれ、「君は講師に向いていないからこれから事務職をやりなさい」と言われる。給料のうち2万円は講師手当だったということで、それ以降は勝手に引かれている。労働時間は長くなり、給料は少なくなり、最終的に彼女の時給はきちんと計算すると500円を下回っていた。

次第に朝になっても起きられないようになり、退職を考えるようになった。上司に相談すると、「まだ働いてから何ヵ月も経っていないのに辞めるなんていい加減なことをするな」と言われた。

仕事を続けることはできそうにないが、辞めることも許されない。いったいどうすればいいのか。これが彼女の2度目の相談だった。

この事案は最初の電話で説得できなかった悔しさもあって、とても印象に残っています。

彼女の手帳を見せてもらうと、講師から事務職に回された日付には、「講師の夢は絶たれてしまったけれど、限られたところに道が見えることもあるからがんばっていこう」という内容が書かれていました。何でこんなにがんばるのか、このときの自分には不思議でなりませんでした。その答えを、テレビのインタビュー越しに聞いたような気がしたのです。

「拾ってくれた」とか「雇ってもらえた」とか、そういう感覚を持っている人がいるとしたら、それは「見極め」の際には捨ててください。3年も続けられないような働き方をしているのであれば、「恩義」は十分に返しています。

倒れるまで働いたって報われない

彼女の熱意にもかかわらず、会社が彼女に求めたことは引き続き時給500円で月に300時間くらい働けというものでした。ぎりぎりのところまで働いても、まったく報われることはなかったのです。

では、ぎりぎりの一線を超えたらどうなるでしょうか。倒れるまで働いたら、会社はその後の面倒を見てくれるのでしょうか。

株式会社ワタミの前会長である渡邉美樹氏には、こんな発言があります。力不足だと弱音を吐く弟子に、それは見切りをつけているのだと言った孔子の言葉を引きながら、「本当に力不足であれば、力尽き前のめりに倒れる」というのです。さもなくば、「『できない』のではなく、あきらめた」ことになるのだ、と。これを、「世の中の新入社員みんなに贈りたい」とまで言い添えています（『プレジデント』2012年4月30日号）。

『プレジデント』が発売される2ヵ月前の2012年2月、第1章で触れたワタミ新入女性社員の過労自殺が労災として認定されたことが報じられています。彼女はワタミのために力尽きるまで働いたわけですが、渡邉氏はその報道の直後に「労務管理できていなかったとの認識は、ありません」*とツイッターでつぶやきました。その後多方面から批判を受け、あらためてツイッターで謝罪の言葉を述べましたが、安全配慮義務違反があったとは考えていないとの姿勢は崩さず、遺族との直接の話し合いにも応じていません。

「前のめりに倒れるまであきらめない」とボクサーやマラソンランナーが熱く語っていれば、何だかかっこよくきこえるかもしれません。

しかし、倒れるまでがんばったのは、渡邉美樹氏ではなく、一人の新入社員でした。そして、そこまでがんばったとしても、「労務管理できていなかったとの認識は、ありません」の一言で片付けられてしまうのです。

ワタミの過労自殺事件を紹介しましたが、他の会社も一緒です。一人の社員が死んだとき、その真相を究明し、労災保険の申請を手伝い、遺族に十分な補償をして労務管理の改善に努め

＊ https://twitter.com/watanabe_miki/status/171926030666309632

る。こんなことをする企業の方がめずらしいでしょう。

先ほどのインタビューの理屈を借りて言えば、自分の社員が力尽き前のめりに倒れたとき、渡邉美樹さんがかける言葉は、「君は力不足だったんだね」なのです。実際に、議員になった直後に発表されたインタビューの中で、渡邉美樹さんは亡くなった彼女の「不適性を見極められなかった」と語っています。そして、「我々の幸せ感とか労働観は、我々の文化だから守らなきゃいけない」と改善する気はないことを明言しています（いずれも2013年8月10日付朝日新聞）。こういう経営者に付き合う義理は、まったくありません。

「あと3年は続けられない」と思ったら黄信号

会社に見切りをつける際のチェックポイントとして重要なのは、「あと3年、いまの仕事をいまのペースで続けることはできるか？」という問いかけです。これは先ほどの予備校の相談のときに彼女を説得しようと思って口をついた言葉でしたが、それ以来、色々な場面で使っています。3年続けるのが難しいと思うようなら黄信号です。「あと1年」で考えてしんどいと思ったら、もう赤信号です。「我慢」という選択肢は、もうそのころには消費期限がくるということです。何かしら、それ以外の手を早めに準備しておいた方が賢明です。

我慢する以外の選択肢を考えてみると、残された道は2つしかありません。会社を辞めるか、会社に残って働き方を変えるかです。

これは、いずれも大変な道です。できればそんな面倒なことはない方がいいと思う人も多いと思います。

それでも、我慢を続けてじわりじわりと追い詰められていくよりは、いくらか「マシ」な選択です。いまのままの働き方を3年続けられないと思ったなら、それは3年以内の決断が迫られているということです。それまでに何も手を打たなければ、命こそとられないとしても、病気になって失職してしまいかねません。

「過労死ライン」が客観的な指標

「いまのまま3年続けられるかなんて、考えてもよくわかりません」。そんなふうに返されることもあります。

そんなときに判断材料として使えるのが、「過労死ライン」です。

「過労死ライン」というのは、長時間労働の目安となる基準で、厚生労働省が定めたものです。このラインを超えて働いていれば、突然死で亡くなった場合に過労死だと認定されます。その基準は、具体的には次のようなものです。

〈過労死ライン〉
・発症の直前の1ヵ月間の残業時間が100時間以上
・発症の直前の2〜6ヵ月間の残業時間の平均が（いずれかのスパンで遡ったときに）80時間以上

簡単にまとめましょう。平均して80時間の残業をしていると健康上のリスクが大きくなる。継続的な残業ではなくても、100時間以上の残業をするとやはり健康上のリスクが大きくなる。こういうことです。

もちろん、「過労死ライン」を遥かに超える働き方をしてまだ元気にしている人もいます。したがって、「必ず過労死する」というラインではありません。

しかし、これ以上働いていて脳や心臓に異常をきたしたら絶対に働き方に原因があるのだと認定される基準が「過労死ライン」です。これを超えて働いていて不調を感じたら、仮に同僚が同じ時間働いて平気だとしても、自分の努力や気合いではいかんともしがたいレベルに達しているということなのです。42・195kmを2時間台で走れる人が一定数いるのに、私たち多くの人間には走れないのと同じことです。もしもそれを「気合いが足りないせいだ」と嘆いている人がいたら、おかしいと思うのではないでしょうか。あるいは、「マラソンが走れなくたって、あなたには他に素晴らしい点があるじゃない」と声をかける人もいるかもしれません。ところが、ことこの「過労死ライン」については、そういう正常な判断が社会全体から失われているような節があります。

ですので、この基準が「生理的な限界」を示したものであることを、何度でも強調しておきたいと思います。

3年前に入った先輩のようになりたいですか?

他の人が働き続けられるかどうかも、よい判断材料になります。これは、「ブラック企業」を見抜くときに離職率を調べたのと同じ考え方です。3年後に同期のほとんどの人が辞め（させられ）てしまうのであれば、早期退職者の一群に自分が含まれていてもおかしくありません。加えて、入社後には、離職率という数字以上に参考になるものがあります。それは3年前に入った先輩の姿です。3年がんばって勤めたとして、その先の自分はどうなっているのかを先輩の姿に投影することができます。

3年間がんばって働いても、賃金は自分とほとんど変わらない。過労で顔はやつれているし、スーツもよれよれ。自分の時間がなくて、恋人と一緒に過ごす余裕もない。勉強する時間もないし仕事も教えてもらえないから、ろくに経験も積めない。人生を全部会社に捧げているように見える……。そんな先輩の姿を見て心が折れた、という話をよく聞きます。

がんばって勤め続けたとしても何の展望もないのであれば、がんばる意味がありません。「我々だって若いころは安月給で長時間働いてがんばってきたんだ。いまの若い奴らはたるんでいる」というおじさん方には、この感覚がまったく理解できないのだろうな、と感じます。何も考えなくても何となく賃金があがって、この会社に骨を埋めるんだろうと何となく思える時代とは、まったく違う時代状況を、いまの若い世代は過ごしているからです。

もし、いまの自分の会社を思い浮かべてピンとくるものがあったなら、そろそろ会社に見切りをつけることも視野に入れなければいけない時期でしょう。

そして、いまの働き方に見切りをつける選択肢が見えてきたなら、次に打つ手を考えなければなりません。会社から脱け出すか、会社と向き合うかです。でも、その選択をする前に、必ずしておいた方がいいことがあります。それは、専門家の意見を聞いておくことです。次の章では、専門家に上手に頼る技術を紹介します。

第6章

相談窓口の上手な頼り方

今の会社で我慢して働き続ける以外の選択肢が視野に入っている人は、何らかのアクションを講じることが必要です。大づかみにいえば、会社と交渉するか、しないで辞めるかの二者択一です。でも、一番最初に必ずとってほしい対応は1つです。法律の専門家に意見を聞くことです。

抽象的に「会社と交渉するか、しないで辞めるか」という選択肢だけがあっても、いざというときにどちらを選択すればよいか。この判断は難しいものです。それぞれの行動をとったときにどんなリスクがあるのか、どんな風にリスクに対処すればいいのかということは、なかなかわからないものだからです。どちらかに決心したとしても、今度はどのタイミングで行動に移すべきか、それまで何をすべきか、という問題が出てきます。

ですから、こういうときに大事なことは、決して一人で対処しようとしないことです。私自身、ＰＯＳＳＥの活動の経験上、一般の読者の皆さんよりは労働法に詳しい自負がありますが、それでももし自分がこの先「ブラック企業」で働くことになったなら、弁護士や労働組合、労働NPOなどの支援団体の人から意見を必ず聞きます。自分一人では知識や発想が十分とは言えませんし、ましてや自分が当事者になったときには、冷静で客観的な判断ができないかもしれないからです。

争うつもりがなくても相談を

「じゃあ、いったい誰に相談したらいいの？」という疑問への答えは後に回すことにして、まず「いつ相談すべきか」から考えていきましょう。

相談するタイミングは、早ければ早いほどよいと言えます。第5章では「3年続けられないと思ったら」とタイミングを紹介しましたが、そういった見極めをする前の段階でもまったく問題ありません。相談するだけならコストもかかりませんから、できるだけ早いうちに行ってみるのが得策でしょう。早めに相談するだけ、証拠を集めたり気持ちを整理したりするための猶予期間は長くなります。

「法律の専門家に相談する」ときくと、すぐに会社と争うつもりでないとまずいのではないかと考えてしまう人も多いのではないでしょうか。

でも、そんなことはありません。法律の専門家に相談してそのまま働き続けるという人もたくさんいます。情報を整理したり選択肢を広げておくぐらいのつもりで相談してみましょう。自分が置かれている状況が法律的にみてどのくらいおかしいのか、自分はこれからどんな行動をとりうるのか。専門家に話を聞けば、これだけの情報が手に入ります。

むしろ、情報もろくにそろっていない状況で争うかどうかを判断するのは拙速だと言えます。もちろん、パワーハラスメントやセクシュアルハラスメントの被害者の中には、コストを度外視してでも会社に責任を取らせたい、たとえ責任を取らせるのは困難であったとしても自分が怒っていることをわからせたい、と強い意志を持っている人もいます。損得勘定だけが世の中の行動基準ではありません。でも、一方で、そこまで会社にこだわるつもりはない、という方も多くいらっしゃいます。

そういう人たちにこそ、「早めに相談に行こう」という意識を持ってもらいたいのです。会社と争うべきかどうか決心がつかない、むしろそんな場合に、早いうちに相談に行ってもらいたいと思っています。

早めに相談することには、様々なメリットがあります。まず、自分の働き方の合法性が客観的にわかること。特に「お前は使えない」など当事者を精神的に追い込むようなパワーハラスメントの場合、「自分がおかしいわけじゃないんだ」とわかるだけでかなり元気を取り戻す方もいます。会社にいて毎日おかしな状況で過ごしていると、だんだんと会社の異常性が当たり前のことのように感じられるようになってしまいます。その「毒抜き」という意味で、追い詰められてしまう前に第三者から意見を聞くのはとても有効です。

次に、これから自分が会社とどんな風に付き合っていくべきなのか、その判断材料をそろえることができます。自分の置かれた法律状況はどんなもので、手元にある記録や証拠はどのくらいの説得力があるものなのか。争う場合にはどんなアプローチの方法があって、それぞれどのくらいの負担があるものなのか。争わない場合にはその範囲でどんな制度を使うことができるのか。これぐらいのことは自身の事例に即して専門家に意見を聞いておいた方がいいでしょう。手持ちのカードがわかっていないのに、戦略的に行動することなんてできません。まずはそれぞれのカードの利点・欠点を客観的に把握することで、戦略を立てることができるようになるのです。

そして、早めに相談することで証拠や記録をそろえる期間が確保できるようになります。切羽詰った状況で相談に来られても、不十分な記録で争うほかありません。「こんな証拠があればなぁ」ということを早めに聞いておけば、そういった証拠をそろえることもできるでしょう。

要するに、「もう会社と争わないとどうしようもない」という状況になってから相談に行くよりも、「今後何かあったらいやだから、早めに相談に行っておこう」ぐらいの感覚で相談に行くのがよいと思います。「会社を辞めることになったら2年分の残業代を請求しよう」とか、「このぐらいのパワハラなら耐えられるけどエスカレートしたら困るな」とか、そのぐらいの段階で相談に行っておいた方が、受ける側としても落ち着いて相談を受けられます。

おかしい・つらいと思ったら、すぐ相談しよう

もう少しタイミングの話をしておきましょう。「おかしい」とか「つらい」と感じるようになったら相談しどきです。これは、高校や大学でレクチャーするときにも強調しています。よく「違法かどうかよくわからない」「証拠が集まっていない」と相談に行くことを躊躇する方がいますが、余計な気を回すくらいなら早く相談に行ってほしいと思います。そういう場合には「違法かどうかよくわからない」「どうやって証拠を集めたらいいか」などと相談すればいいのです。

たとえ話としてよく使っているのは、病院に行く場面です。体調が悪くて病院に行くときに、「いま自分はこういう症状があって、扁桃腺が腫れているので、恐らくこの病気だからこの薬をこれだけください」と流暢に話す人はほとんどいないでしょう。とりあえず自分の体のどこがいつもと違うのか、どこがつらいのか、そういう訴えから始まるはずです。それから医師が

何点か質問して、受け応えをする中で大体の治療方針が定まるはずです。

労働相談も同じ感覚で利用して問題ありません。自分の職場が法律的にどんな状況で、どうやったら改善できるかわからない。そんな場合にこそ利用すべきなのです。

正直に言って今の私たちの世代の「普通」の権利感覚は、法律よりもずっと下の水準にあります。消費者としてはともかく、労働者の権利というものについての意識は国際的にみても非常に低いと言ってよいでしょう。そんな私たちが「おかしい」「つらい」と感じたら、何かしらその職場には法律上の問題があると思ってまず間違いありません。

もし相談してみて違法性がないということであれば、そのときは「会社が違法なことをしているのではないか」という疑問を早めに払拭できます。相談するメリットは多々あっても、デメリットはほとんどありません。

自分を責めるのは後回し

もう1つ、相談窓口から足を遠ざけてしまいそうなことについて付け加えておきたい要望があります。「自分にも落ち度がある」というように、自分を責めるのは、相談に行くかどうかといったん切り離して考えてほしいということです。

これは、実際に会社の側の戦略から考えてみるとわかりやすいと思います。本書が念頭に置いているような会社は、労働者から違法な状態を指摘されたり争われたりするリスクをできるだけ避けようとします。つまり、できるだけ労働者に泣き寝入りさせようとするのです。その場合に会社がとる戦略の1つに、本人の至らない点を責めることがあります。特に若い労働者は経験が少ないですから、至らない点をあげつらって責めるのは簡単です。

仮に自分より劣った点が見つからないとても優秀な部下だった場合には、自分とやり方が違う点を「ダメだ」と叱責することで精神的に追い詰めることができます。それも難しければ、業績などに対して無理なノルマを設定して、できないことを理由に追い詰めればよいのです。

実は、上司という立場と、その立場に対して労働者が一定の敬意を払うという条件さえ整っていれば、部下である労働者を精神的に追い詰めるのはそれほど難しくありません。良心のタガを外すことさえできれば、みなさんにもすぐに他の労働者を精神疾患に追い込むことができるはずです。

自分はそれほど仕事ができなくても、「管理職」なのに部下のマネジメントが得意でなくても、ちょっとしたコツをつかんでしまえば精神疾患に追い込む上司の役割は果たすことができるわけです。

「そんな人間の言うことにまともに付き合う必要はありません」と言えば話は簡単なのですが、

上司の発言を無視するわけにもいかないので、一定程度は聞かざるをえません。そうしているうちに、だんだんと上司が言っている理不尽な要求が正しいように思えてくることもあるのです。また、自分の上司がそういう人間なのかどうか、判断が難しいケースもあると思います。ですから、とりあえず自分を責めるのはいったん後回しにしてしまいましょう。まず、会社の言っていることが客観的に正当なのかどうかを相談することから始めることです。相談してみて、もし上司の言っていることがまともだとわかれば、そのときは改めて自分の仕事の仕方を見つめ直せばよいわけです。

しかし、もし会社の言うことがおかしい、違法性が認められる、ということであれば、その言葉にただ従っていても状況は改善しません。精神的に支配したいためだけに叱責している可能性だってあるわけですから、真面目に付き合ったからといって状況が改善するとも限りません。

もちろん、会社の言うことはおかしいけれど、自分にも改善点があるということはありえます。しかし、改善点のない人間なんて初めからいるはずがありません。自分に改善点があるのかどうかということと、会社の言っていることがおかしいのかどうかということは、あくまで独立に考えるべき事柄です。

「とりあえず会社の言っていることがまともか考えてみよう」、「自分にも改善点はあるけど、会社にも改善点があるんじゃないだろうか」。こういう発想が、労働者の自責の念をかき立てることで責任を免れようとする企業の戦略を無効化します。

社内の窓口にいきなり相談するのはやめた方がいい

それでは、「いったいどこに頼ったらいいのか?」という疑問にうつりましょう。

最初にはっきり言っておくと、窓口の中にはろくでもないところもたくさんあります。誰かに頼ろうと思っても、結局は信頼できる相手を自分で探さないといけないのが日本の労働者の悲しい状況なのです。「ブラック企業」を見分けるのと同様、信頼できる窓口とろくでもない窓口を見分けないといけません。

特に注意が必要なのは、社内に設けられた窓口です。「コンプライアンス推進室」とか「セクハラ相談窓口」とか、名称は会社によって様々ですが、ここだけは、相談に行くことによるデメリットが生じるリスクがあります。

会社の側に立って考えると、相談者は「不満分子」です。仮に相談者が完全な被害者だった場合であっても、組織にとってはリスクファクターに他なりません。そういう人にもきちんと向き合う会社であればまともな対応が期待できますが、そうではない場合があまりにも多いので、相談しない方が無難だというわけです。

ひどいところになると、「不満分子」の発見装置として相談窓口を利用しているところもあります。また、窓口の担当者にそのつもりはなくても、相談対応の未熟さから、相談に来た人の立場を更に悪くすることもあります。たとえば、パワハラ・セクハラの加害者に相談窓口が軽率にも事実確認をしてしまい、加害者が被害者に対して不快感を抱いてしまうようなケースです。

社内の窓口が危ないということはよくいわれることですので、いまさら書かなくてもわかっているという方もいるかもしれません。しかし、つい相談してしまうということもPOSSEの相談事例では少なくないのです。たとえば、上司のパワハラやセクハラを、社内のもっと上の部署に伝えようとした場合。相談する側が会社のためを思って動いていると、つい窓口に情報を伝えてしまうことがあります。また、産業医や産業カウンセラーを中立な存在だと思って自分の苦境を洗いざらい話した結果、「不満分子」であることが会社に伝わってしまったという例もあります。産業医も産業カウンセラーも会社からお金をもらっていることに注意を向けなければいけません。

会社にある労働組合も同じです。本来なら労働組合は法律的に最も強く、潜在的な可能性の面でも最も優れた機関なのですが、それらの可能性を持ち腐れにしている労働組合が日本には多くあります。特に企業にある労働組合は、昔から「第二人事部」と呼ばれてきたところもあるように、会社と癒着している場合が少なくありません。

とあるドラッグストアの大手チェーン店の社員の親御さんから、過労死の相談が来たことがあります。契約社員で働いていた娘がようやく社員に登用されたと思った矢先に、新しい店舗を開く業務に駆り出され、社員登用されてから1年も経たずに過労で亡くなったという相談でした。娘さんは、体調を崩しても点滴を打って仕事をするように強いられていました。彼女の母親が「Eテレ」の番組でPOSSEを観て「何とかなるかもしれない」と思って連絡をくれたのですが、相談を受けたときは、事件からもう何年も経っていました。これだけ放置されていたのは、会社の労働組合に原因があります。遺族は彼女が亡くなってすぐに労働組合に相談に行ったそうなのですが、この組合の幹部は、話を聞いてこう言ったそうです。「おかあさん、この事件が大きくなって会社が潰れたらもっと多くの人が命を失うんですよ」と。こういう労働組合もあることを、よく知っておいてください。

複数の窓口で意見を聞く

では、社外にある窓口の中から、どこを頼るのがよいのでしょうか。

「どこに頼ったらいいのか」という問いに一概に答えることはできません。労働問題の解決のための窓口を用意しているのは労働基準監督署や弁護士、労働組合などと様々にありますが、それぞれの窓口にはそれぞれに得意分野があり、権限などの関係でできることの限界もそれぞれ抱えています。この点については第8章で改めて具体的に整理していきますが、要するに「どんな状況か」と「本人がどうしたいのか」によって頼るべき窓口は変わるということです。場合によっては1つの事案を複数の機関を通じて解決することもあります。

ところが、それぞれの得意分野をそれぞれの窓口の担当者がきちんと把握しているわけではありません。たとえば、労働組合でないと解決しない事案があったとしましょう。それを行政の窓口に行って「これは労働組合なら解決できます」と言ってくれるならいいのですが、たいてい「うちでは何ともできません」と言って済まされてしまいます。本当は他の窓口なら解決できる問題なのに、自分のところの窓口で解決できるかどうかしか教えてくれないということはよくあるのです。また、もっと厄介なのは、もっといい解決の仕方があるのに、「うちで解決するとすれば」という前提で解決策を提示されることです。門前払いならまだ他の窓口に行く可能性がありますが、最初に行った窓口で本来はたくさんある選択肢のうちの1つだけを紹介されると、他の選択肢の可能性に目は向きづらくなります。そうすると、ただその解決策に沿って「やるか、やらないか」という問題になってしまうのです。これは非常にもったいないことだと思います。経験論でいえば、特に行政の窓口に相談に行って、このような状態に陥る人が多いようです。とりあえず相談に行く窓口として行政は利用しやすいのだろうと思いますが、ここだけに絞らず、複数の窓口で意見を聞くのがよいでしょう。意外に思われるかもしれませんが、行政の窓口はかなり担当者の力量に差があるところでもあります。そういった意味でも、複数の窓口で意見を聞くのが無難です。

行政に限らず、相談を受ける側の質というのは、非常に重要な問題です。もちろん家族や友人で法律をかじった人に相談してもいいのですが、経験がないと具体的なアドバイスはできません。同じように、学校の先生やキャリアカウンセラーの人たちも、人生訓を教えてくれることはあるかもしれませんが、法律や制度にそって具体的な解決策を提示することまで期待するのは、度が過ぎていると思います。一番クオリティが担保されているのが弁護士ですが、弁護士にも専門があります。最近では残業代の請求で儲けようと、労働分野に詳しくない弁護士が参入する動きがあるようです。ビジネス目的で参入した弁護士事務所は、当事者の気持ちを酌んで被害を救済することにさほど熱心ではないため、適当な所で対応を切り上げてしまったり、ある程度の解決金で強引に和解を薦めたりといったトラブルもよく聞くようになりました。弁護士にも気をつけないといけない時代になってしまいましたが、第8章で紹介する日本労働弁護団やブラック企業被害対策弁護団という弁護士団体が、無料の電話相談窓口も設置しています。実際に委任する際の費用について不安に感じられる方もいると思いますが、その点についても率直に聞いてみるとよいと思います。負担を軽減する方法についてもアドバイスしてもらえます。

ここまでの章で、我慢には限界があること、それを感じたらとにかく相談に行ってほしいことを書いてきました。次から続く2つの章では、相談に行った後のイメージを持ってもらえればと思います。まずは、まったく争わずに会社を辞めるとすればどんな方法があるのかについて見ていきましょう。

第7章
「ブラック企業」から脱出する

つらいときは逃げたっていい

第5章では、今の自分の職場に見切りをつける技術を紹介しました。見切りをつけたなら、何かしらのアクションを起こす準備をしましょう。アクションというと、裁判とか、社前での抗議のビラ撒きとか、何だかものものしい雰囲気を感じて尻込みしたくなるかもしれません(むしろそういうのをやりたいんだ!という方は、巻末の相談窓口一覧を見てしかるべき相手に連絡してください)が、本書では、「逃げる」ことも1つの有効な戦略として扱います。ストライキをしろとか会社と闘えとか、そういうことは言わないから、せめて限界ギリギリまで自分を追い詰めることだけはしないでほしい、というのが、本書を執筆した強い動機だからです。逃げる決断をするのだって、たいへん勇気のいることです。

ところが、いざ会社を脱け出す決断をしても、争わずに会社から逃げる方法を考えてみると、これがなかなか難題です。まず、労働法の教科書を読んでもどうしたらいいのかわかりません。なぜなら、そこに出てくるのは、自分の権利をきちんと把握して、臆することなく自分の権利を主張できて、必要とあらばストライキだってできてしまう労働者像だからです。

しかし、普通の若者にとって、現実にそこまでのことをするのは、とても大変です。その事情を斟酌《しんしゃく》せずに「労働者はどんな理由だって辞める権利があるんだ」なんて言われても、どうやって自分の身を守ったらいいのかなんてわかるはずがありません。

そうやって手の届かない権利の存在ばかりを教わるうち、権利とは自分の手の届かないところにあるものだと思ってしまうところに、これまでの法律教育の問題があったのではないでしょうか。そうやって当事者を尻込みさせて結果的に泣き寝入りさせてしまうのでは、かえって逆効果だと言えるでしょう。

話が横道にそれました。これからの若い世代が「ブラック企業」に入る前に知っておくべきことは、会社と争う気なんてさらさらなくても、知っておくと使える法律や制度があるということです。

繰り返しになりますが、自分は会社と争えるから逃げる方法なんて知る必要はないという勇敢な方は、この章は読み飛ばしてしまってかまいません。それはただ脱け出そうとするよりも、より有効な戦略です。そうでない方は、まったく会社と争うことなしにどんな手を打てるのか、ひとつひとつ確認していきましょう。

元気なうちに脱出を

こんな会社で3年も働き続けることができるだろうか。そう思ったとき、必ずしも闘う必要はありません。しかし、病気になった末に泣き寝入りを余儀なくされるのでは、あまりに悲惨です。

我慢して働き続けていても、会社からの退職強要で追放されたり、体や心がついていけなくなって脱落してしまったりすると、結局は会社を去ることになります。それが3年以内に訪れるかもしれないと不安な場合は、せめて自分から脱出する準備をしましょう。そうすることで、過労死やうつ病といった最悪の事態をとりあえずは避けることができます。

「こんな会社、こっちから脱出してやる」。それぐらいの牙を隠し持っておかないと、どこまでも「ブラック企業」にいいように弄ばれてしまいます。

経済的に厳しい場合は生活保護を

とはいえ、脱出するのも大変です。恐らく一番のネックになるのが、その後の生活です。「会社がつらかったら辞めてもいいいんだよ」と言われても、辞めた先の生活に展望が持てなければ、退職しようという気にはなれないでしょう。

親に頼るか奇跡的にすぐ再就職先が見つかれば話は別ですが、そういう幸運に恵まれる人ばかりではありません。

そんなときにでも1つだけ使える制度があるとすれば、それは生活保護です。

いまの日本で生活保護を積極的に活用しようと言うと批判を受けそうですが、生活保護を利用することはまったく不当なことではありません。他に生活を支える道がなければ、誰にでも使えるのが生活保護です（申請の方法などについては第9章192頁以降を参照してください）。

生活保護を受けながら再就職先を探す。POSSEに来る相談者でも躊躇する人がほとんどですが、個人的な生活を考えても、社会全体にとっての経済負担を考えても、そのまま「ブラック企業」で精神疾患にかかってしまうよりは、よっぽどいいと思います。

「ブラック企業」が生き残ることができるのは、いくら人間を雑巾のように使い捨てても、いくらでも働く人間がいるからです。この状況が、働いてはいけない企業に多くの若者を縛り付けています。

生活保護を躊躇する方は、よく「社会に迷惑をかけたくない」とおっしゃいます。自分が入った「ブラック企業」を生き残らせない形でその思いが実現されるのであれば、それはすばらしいことだと思います。でも、そういう思いは、えてして「ブラック企業」を生き延びさせてしまうことにつながります。

こんなとき、どういう風に考えればよいでしょうか。そもそも相談に来る人が生活保護に頼らざるを得ない状況をつくりだした責任は、会社の違法行為にあります。契約を交わした会社で働き続けられて当たり前なのに、会社の違法な働かせ方のためにそれができなくなってしまったわけです。だから、本当は労働者自身ではなく、会社がその人の退職後の生活に責任を負うべきです。

たとえば、レンタカーを借りて事故を起こして修理に出さなくてはいけなくなった場合、借りた側は営業補償といって車を営業に使えない部分の弁償をしなければいけません。事故の修理代についても、責任を負うのは借りた側です。やっぱり車が気に入らないからと途中で返したとしても借りるはずだった時間分のレンタル料が請求されますし、予定の時間を超過すれば延滞金が発生します。こうした契約上の当たり前のルールが守られていないのが、使用者と労働者の関係なのです。

会社のせいで病気になって働けなくなってしまった、会社が気に入らないからと一方的に契約を打ち切られてしまった、といった場合、レンタカーの例と同じように、その後の生活を補償する責任は本来使用するはずだった側が負うわけです。しかし、会社とは争わない前提で考えると、労働者が自分で生活を何とかしないといけないといった具合に問題がひっくりかえってしまいます。そうなると、今の日本では、生活保護ぐらいしか確実に使える制度はないのです。

ですから、極論を言えば、社会保障制度を利用することが社会に迷惑をかける避けたい行為だと思うなら、自分で会社に責任をとらせるしか、社会に迷惑をかけない方法はありません。それができないのであれば、せめて会社にしがみつくのではなく、とっとと辞めてほしい。相談に来た方に面と向かって言うことはありませんが、これが「社会に迷惑をかけたくない」への私なりの応答です。

また、「生活保護を受けるのは恥ずかしい」という声も少なくありません。こういう方に対しては、「恥ずかしいことではありませんよ」と声を大にして言いたいです。生活保護を受けている方はみんな何かしらの事情を抱えているのに、その方たちに対して失礼です。そして、「ブラック企業」に入ってしまって親元にも帰れない若者は、それだけで生活保護を受けるに十分な事情を既に抱えています。

もちろん、生活保護を利用している人に対する世間の目がほとんどと言っていいほど冷酷なのはよくわかります。でも、いざとなったら一時的に生活保護を利用して、健康を保ちながら就職先を見つけて、自立に結びつける。これはちっとも「迷惑をかける」生き方でも「恥ずかしい」生き方でもありません。自分の状況を客観的に見据えた、合理的で賢明な判断だとさえ思います。そうした賢明な判断を阻むのが、「世間の目」というものです。

ここまで読んでも「生活保護はやっぱり嫌だ」という人は、この後に続く辞め方を参照してください。そして、それができずに実際に追い詰められた場合は、そのときでいいので、もう一度よく考えてみてください。

会社が退職に応じてくれなかったら

さて、色々な事情を考慮して会社を辞めようと決心したところで、まだ簡単に辞められるわけではありません。「ブラック企業」で働く労働者からは、「辞めさせてもらえない」という相談も数多く寄せられています。

▼商社の営業（20代、男性）

1月後に辞めたいと5月に申し出たところ、「引き継ぎもあるから今年度いっぱいはいろ。退職は絶対に認めない」と言われた。

会社は東京で、群馬の実家に帰ることが決まっており、7月1日からの勤務先も決まっている。

就業規則には、「少なくとも1ヵ月前に退職の旨を申し出ること」と「申し出から2週間は誠実に勤務すること、さもなければ懲戒の対象にすること」が書かれている。

▼病院の看護師（30代、女性）

紹介会社を介して就職したが、環境が合わなかったため退職を申し入れた。一度は会社側も同意し円満に辞めることになったが、突然、「紹介会社に払ったお金（約40万円）をどうしてくれるんだ。今は退職させられない」と約束を反故《ほご》にされてしまった。

10月初めに「10月いっぱいまでは働け」と言われ、10月末になると「11月いっぱいまで働くように。あと1ヵ月はいるように」と言われ、退職届も受理されていない。

▼戸別訪問の営業（20代、男性）

業界でも大手のウォーターサーバーの営業会社に新卒で入社。

卒業年度の3月から研修や勤務が始まり、月の残業時間は過労死ラインを超過。苛酷な勤務が続き、5月の時点で体調を崩してしまう。きついから仕事を辞めたいと上司に伝えるが、「みんなきついのは同じ。新卒で入ったんだから頑張らないと。ここで辞めたら次に仕事が見つかるかわからないぞ」と言われる。

6月に入って退職願を提出するも、「君の将来が心配だ」と言われ、翌日、「この前の退職届は捨てておいた」と報告される。

入社の際、誓約書（すぐに回収されたので内容はよく覚えていない）にサインをさせられ、「何かの手続きのときに困らないように」と印鑑も預けさせられているため、勝手に辞めると報復があるのではないかと心配。同じ事業所の同期は既に3割が自主退職しているが、彼らに話をきくと、入社したときに会社が負担した引っ越し代を請求すると脅されたり、退職する旨を伝えた際に殴りかかられたりしているらしい。

これらの事例は、法律的にはすべて辞めることができます。

労働基準法第5条では、「強制労働」が厳しく禁じられています。この規定に違反した者は、労働基準法第117条で、「1年以上10年以下の懲役又は20万円以上300万円以下の罰金」が課されることになっています。殺人罪が「死刑、無期または5年以上の懲役」ですから、それに比べてもひけをとらないほど重い刑です。それだけ、「退職の自由」を保障しようというのが今の社会で（少なくとも法律上は）目指されていることなのです。

ですから、会社を辞めるに当たっては、会社の承諾はそもそも必要ありません。「辞めさせてもらえない」会社を辞めるには、「○月×日までに辞めます」と明確に意思表示すれば十分です。「そんなこと聞いていない」なんて言ってきそうな会社が相手の場合は、内容証明郵便（第9章164頁以降も参照してください）を送るか電子メールで送るかして記録を残しておきましょう。その日が来たら、会社がどんなにごねようがもう出社する必要はありません。

なお、このときの意思の伝え方には注意が必要です。「辞めてもよいでしょうか」と会社に意思を確認するのではなく、「辞めます」「退職します」とはっきり書いておきましょう。前者を「退職願」、後者を「退職届」と呼んで区別することもあります。要するに、会社の意思を確認するのではなく、自分の確固とした意思を伝えるような文言にしておくことがポイントです。

「辞めます」と伝えるタイミング

辞職を申し出るタイミングについても、隙のないようにしておきましょう。緊急度に応じていくつかの目安があります。

それほど緊急性がない場合は、いちばん無難な方法をとることができます。それは、会社の「就業規則」を確認して、そこに書かれている「退職する場合は◯日前に申し出ること」というルールに従うことです。大体の場合、1ヵ月程度の日付が書かれていると思います。会社が作ったルールに従っていれば文句を言われる筋合いはありませんから、これに従っておくのがいちばん無難です。

就業規則というのは会社が作成して国に届け出た公式の社内ルールのことで、その事業所で働く労働者はこれに従うことになります。自分に関係するルールですから会社は当然この就業規則を見せなければいけませんが、自分で作ったルールを逆手にとられないよう隠す会社もあります。会社が教えてくれない場合は従いようがないので、次の方法をとりましょう。

次の目安は、社内ルールなどではなく、法律で決まっているものです。民法では、14日前となっています。就業規則を見ることができない場合や、就業規則に書いてある日数ほど待っていられない場合には、この14日が基準になります。また、就業規則に書かれている期間が「半年前に申し出ること」のように異様に長い場合には、従う必要がありません。就業規則よりも法律の方が強いので、法律的に「強制労働」に当たってしまうような就業規則にはそもそも従う必要がないからです。

さて、最も緊急性が高い場合はどうすればいいのでしょうか。答えは明快です。「明日から行きません」と言ってしまえばよいのです。

大胆な辞め方をしても大丈夫なのには2つの理由があります。1つは、会社が約束を守っていないときに、こちらだけが律儀に約束を守る必要はないからです。

会社のパワハラやセクハラ、長時間労働などで追い詰められている場合には、何かしら、違法行為があることを示すことができます。たとえば、経験的に言えば、そこまで労働者を追い詰める会社が残業代だけは適切に支払っている、なんてことはありえません。ですから、「緊急性が高い」と判断されるようなケースでは、どこかに会社のルール違反があるはずです。

ここで残業代の話を持ち出したのにはわけがあります。たとえば、パワハラが原因で辞めた場合には、パワハラという会社のルール違反が離職の原因になります。しかし、実際には、「パワハラなんてない」と会社は主張する（可能性がある）ので、会社のルール違反の有無は曖昧になってしまいます。そこで比較的立証しやすい残業代未払いを持ちだしておくことで、「会社は何もルール違反なんてしてないのにパワハラがあったとでっちあげて勝手に辞めた」

と主張させないようにします。そういう発想です。

2つ目の理由を説明するために、ほとんどありえないことですが、仮に会社が法律をきちんと守っていたと仮定しましょう。この場合、会社が「勝手に辞めた」労働者に対してできる報復にはどのようなものがあるでしょうか。

会社が労働者に対して行うことができる制裁の中に、「懲戒」（第9章171頁以降を参照してください）というものがあります。これは会社が定める刑罰のようなもので、会社のルールである就業規則の中に書かれています。この懲戒のメニューの中で、最も重いのが「懲戒解雇」です。

ところが、懲戒解雇は罰としての効果を持ちません。なぜなら、労働者は辞めたいからです。そうすると、会社には裁判を起こして損害賠償を請求するぐらいしか手がありません。しかし、会社からしてみると、これはとても大変なことなのです。

まず損害賠償を請求するには「損害」の立証が必要になります。たとえば、本当は辞めるまでに14日待たなければいけない人が突然辞めてしまった場合、多く見ても「14日間の労働者の不在」だけが労働者の問題行為ということになります。この14日の間に、この労働者にしかできない、でもその労働者がいさえすればできる、数億円規模の商談があったとすれば、損害が生じたと立証することができるかもしれません。でも、そんな労働者は、本当にごく一部のエリートで、そういう人たちはたいていの場合、もっと大事に扱われます。

「辞められない」という相談に来る人は、みんな自分が会社にとってかけがえのない存在だと思っています。もちろん、その人たちの家族や友人にとっては、かけがえのない存在でしょう。しかし、会社にとっては、いくら欠けても替えがきく労働者です。だから追い詰められるのです。今は人材派遣の市場も整っていますし、1人辞めたぐらいで会社が揺らぐことはありません。あなたがいなくなっても、ほとんど痛みはありません。

ここに挙げた2つの理由から、追い詰められた労働者はすぐ辞めてしまってよいということになります。「損害賠償で○○万円払え」という書類が来ても、無視して大丈夫です。会社もそのことは重々承知していますし、請求できない裁判を起こそうとしてもまともな弁護士であればとめるので、「そんな会社は今すぐ辞めてよいですよ」とアドバイスして実際に訴えられたケースは、POSSEでの経験では1つもありません。

ただし、ごくごくまれに、残った社員の見せしめにダメ元で裁判を起こそうという「ブラック企業」と、書類を作成することで儲けようとする「ブラック弁護士」の思惑が合致して、不幸にも裁判を起こされる場合があります。その場合は、無視していると欠席裁判で会社の無理な言い分が通ってしまいます。弁護士に相談して辞めた理由を述べればそれで十分ですので、すぐに労働問題に詳しい弁護士に相談してください。また、こういう場合に備えて、働いているときの記録はきちんと残しておくようにしましょう。記録の残し方については、第9章で紹介します。

また、退職に当たっては、有給休暇（第9章177頁も参照してください）を全部消化するのが最も賢明です。1年正社員として勤めていれば少なくとも20日間の有給休暇がありますから、14日残っていればそれで終わりです。「14日後に辞めます。明日から14日間は有給休暇を取得します」と言えば、法律的にはまったく隙がありません。

雇用保険で損をしない方法

もう1つ、会社を辞めるときに考えておかなければならない重要な問題があります。会社を辞めた後の生活基盤を支える上で、雇用保険（失業保険）は大きなウェイトを占めます。この雇用保険に関して、実は知らないうちに損をしている人がたくさんいます。

雇用保険では、制度上、正当な理由がなく自分から辞めた人（「自己都合退職」と言います）に対しては3ヵ月間の「受給制限期間」が設けられています。勝手に辞めた人間に対するペナルティと言っていいでしょう（第9章188頁以降も参照してください）。

しかし、実は自分から辞めた場合であっても、「正当な理由」があれば、「自己都合退職」には該当しません。会社の違法行為が原因で辞めた場合も、当然、「正当な理由」があるとみなされることになっています（具体的な項目は図表2を参照のこと）。

ところが、現実には、「自己都合退職」には当たらないはずなのに、「自己都合退職」として扱われている人がたくさんいるのです（図表3を参照）。

こうしたズレが起きるからくりは、単純です。離職理由を行政に報告するのが、労働者ではなく使用者だからです。企業を信頼して仕組みが構築されているので、「ブラック企業」が好きなように離職理由を改竄することができるのです。

また、会社が「自己都合退職にした方がいい」と説得してくる場合もあります。だいたい「解雇よりも傷がつかない」というのが口実ですが、これは嘘か誤解のいずれかです。離職理由が再就職先にわかることはありませんし、不況が原因かもしれない解雇と「勝手に辞めた」とされる自己都合退職を比べて、自己都合退職の方を高く評価する人事担当者は必ずしも多くないでしょう。

こうしたズレのせいで損をしないためには、会社の違法行為を証明する必要があります。ここでもまた、残業代未払いが効果を発揮します。

残業代未払いの証拠さえきちんと残しておけば、残業代の未払いを請求しつつ、雇用保険も余計な受給制限期間なしに受給することができます。この点をきちんとしておくだけで、かな

■会社に原因がある場合（「特定受給資格者」と呼ばれます）

- 解雇により離職した場合（労働者の重責による解雇や懲戒解雇の場合を除く）
- 労働契約の締結に際し明示された労働条件が事実と著しく相違したために離職した場合
- 賃金（退職手当を除く）の額の３分の１を超える額が支払期日までに支払われなかった月が引き続き２ヵ月以上となったこと等により離職した場合
- 賃金が85%未満に低下した（することとなった）ために離職した場合
- 離職の直前３ヵ月間に連続して月45時間を超える時間外労働が行われたために離職した場合
- 上司や同僚から排斥・冷遇・嫌がらせを受けたことによって離職した場合
- 退職勧奨により離職した場合
- 業務が法令に違反したために離職した場合　など

■やむをえない事情がある場合（「特定理由離職者」と呼ばれます）

- 体力の不足、心身の障害、疾病、負傷などにより離職する場合
- 妊娠、出産、育児等により離職した場合
- 親の死亡、疾病、負傷などのために親を扶養するために離職を余儀なくされた場合
- 配偶者や扶養すべき親族と別居生活を続けることが困難となったことにより離職した場合
- 結婚に伴う住所の変更や、育児に伴う保育所の利用・親族への保育の依頼などによって通勤が困難となったために離職した場合　など

図表２　自主的な退職でも「正当な理由」として認められる可能性がある場合
出典：厚生労働省「特定受給資格者および特定理由離職者の範囲と判断基準」（2009年法改正対応）
http://www.mhlw.go.jp/bunya/koyou/koyouhoken05/pdf/03.pdf

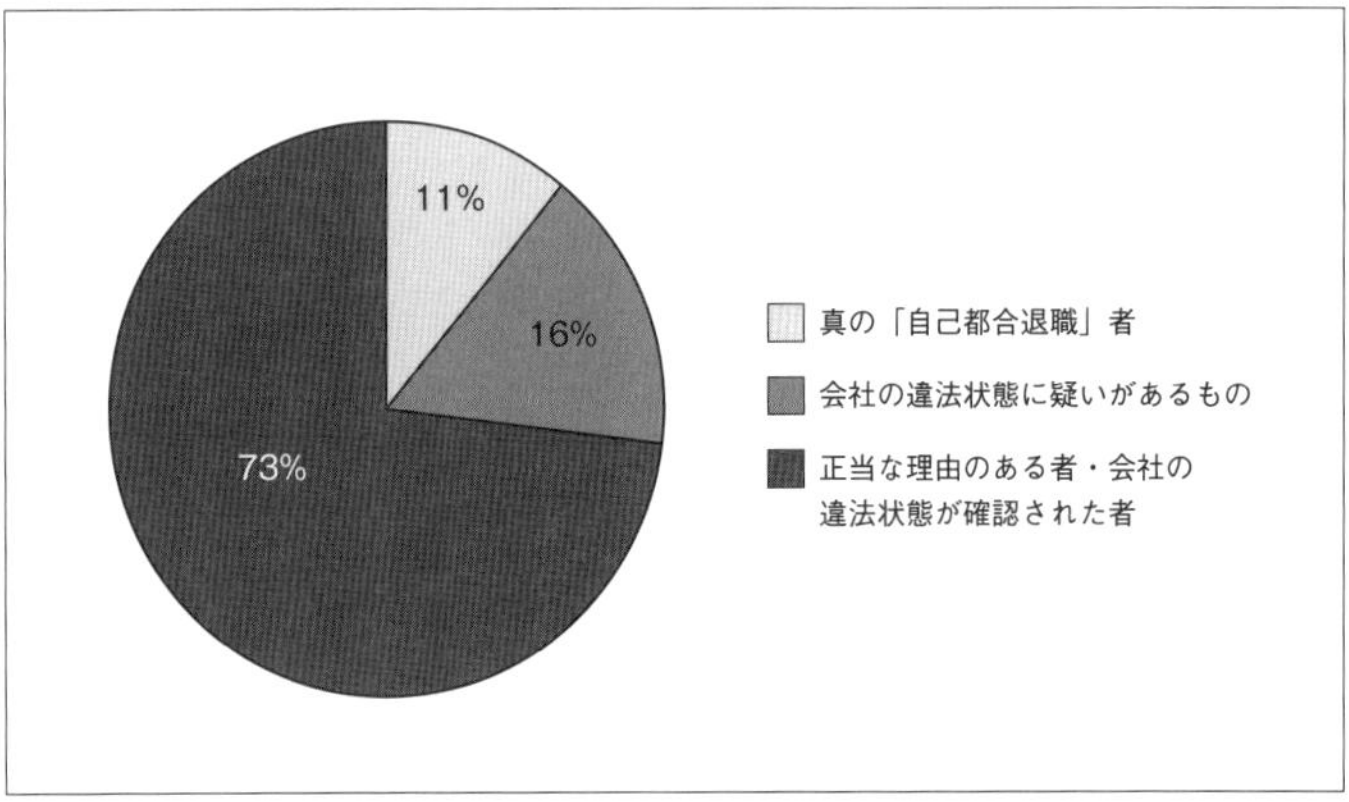

図表３「自己都合退職」で辞めたとして取り扱われている者の実際の状況
（POSSEによるハローワーク前調査）

りの人が「ブラック企業」で働いているときよりも多い収入で会社を脱出することができるはずです。そのぐらいあれば、当面は生活保護に頼らなくて生活できます。

退職時の子どもじみた嫌がらせ

他にも、退職するときに行われる嫌がらせは多々存在します。健康保険や雇用保険の離職手続きをとってもらえないとか、最終月の賃金を支払ってもらえないとか、実に子どもじみたものですが、いざ自分がやられてみるといやなものです。

それぞれの嫌がらせに対してどんな対応がとれるのか、簡単に紹介しておきましょう。

保険の離職手続きは健康保険であれば健康保険組合、雇用保険であればハローワークが窓口になります。それぞれの窓口に事情を話せば、たいていは会社と争わなくてもきちんと処理することができます。

最終月の賃金を支払わないときは、通常の残業代未払いと同じ対応（第９章１６０頁以降を参照してください）で十分です。どうせ職場には居られない以上、ただ「逃げる」だけでなく、こうした退職時の嫌がらせには毅然と対応するという手もあります。会社と争うことに対する心理的な障壁も、在職中よりは取り除かれる人が多いようです。

「穏便に辞めたい」の難しさ

職場を穏便に辞めたい。そう思う人は少なくありません。しかし、ここまでに見て来たように、穏便に辞めることはとても難しいのです。

なぜなら、「会社を辞める」という選択だけで、会社に対する離反行為だと考える経営者が少なくないからです。あるいは、次々と退職者が出ることを防ぐために、見せしめとして嫌がらせをしてくるかもしれません。こちらにまったく争う気がなくても、どんなに穏便に済ませたいと思っていても、それを許さない会社があるということを、理解しておく必要があります。

また、当事者が「穏便に辞めたい」と強く希望する場合は、我々としてもその範囲でサポートするしかないのですが、こういう状況だと、「次に会社はどんなことをしてくるのだろうか」「嫌がらせをされたらどうすればいいのだろうか」という不安が次から次へと押し寄せてきます。しかし、「争う」という最強のカードを封じられているので、こちらとしてもなかなか手の出しようがありません。法律的におかしなことをされても何もしないというのは、実はとても難易度の高い選択なのです。

「ブラック企業」は、いったん入ってしまうとただ脱出するだけでもめんどうです。しかし、こうした「めんどうなこと」をうまく処理する技術を身につけていないと、たいへんなことになります。そして、どうせめんどうなことが避けられないなら、選択肢を増やしておいた方がいいに決まっています。

そこで、次の章では、脱出以外のもう1つのアクション、会社と「争う」、「交渉する」という選択について見ていきましょう。

第8章

会社との交渉のポイントは「あきらめないこと」

第7章まで、会社と争うことを抜きに、どうしたら自分の身を守ることができるのかについて紹介してきました。本書は、「労働者にも権利があるんだからどんどん使っていこう」という、それはそれでごく当たり前の考え方を、とてもじゃないけど職場で実践するなんて考えられないよ、というこちらもごく当たり前のように存在しているであろう人に伝えることを念頭に書いたものです。

しかし、そんな本書で紹介する個々の労働者が生き延びていくための技術は、「ブラック企業」を見分けて、見切りをつけて、逃げて、それでもダメなら誰かに頼る……というところまでは終われないのです。それは、POSSEをはじめ支援団体は本人の権利行使なしに介入することができないからです。

交渉ごととなれば、直接的であれ間接的であれ、必ず会社と「向き合う」ことになります。弁護士に依頼して代理人になってもらうとしても、会社とまったく関わらないで済むということはほとんどありません。法律的にはともかく、現実的には連絡先を知られているわけですから、自宅や実家に連絡が来ることもあります。そういった接触を完全に絶つのは、どうしたって難しいのです。

身体的、精神的暴力が介在するような深刻な事案になると、その事件と「向き合う」ことすらつらく感じてしまう人もいます。そんなとき、他の人間には「かわりにやるからがんばらなくていい」とはなかなか言えないのです。もちろん、必要があれば弁護士は最大限かわりにやってくれるはずです。でも、たとえば「会社に自分が争うことを内緒にしたい」という希望に応えることはできません。

責任を会社にとらせず、忘れよう・前向きに捉えようと努める方向で問題を解消することはできますし、実際にそうせざるをえない場合もあります。こういうとき、支援団体にいるととても悔しい思いをします。でも、問題に「向き合う」ことを本人が選ばない限り、我々がかわりに解決することはできません。他人の意志に口を出す権利は、第三者には与えられていないのです。

だから、被害に遭った当事者が自分の力で会社に「向き合う」という契機を、どうしたって無視するわけにはいきません。その努力に対して、ＰＯＳＳＥはあくまでサポートする、それしかできない。そういう関係です。これは弁護士も行政機関も、本質的には同じです。

あきらめないことが闘いの大きな一歩

「ブラック企業」も、そのことをよく理解しています。彼らに入れ知恵をする弁護士や社会保険労務士もそうです。だから、わざと交渉を長引かせたり、既に退職に合意した人に追い討ちをかけるように嫌がらせをしたりします。

若い労働者の権利意識ははっきり言って非常に低い状況です。ですから、POSSEに来た相談で、違法性のなかったものはありません。「こういう状況なんですが、違法でしょうか」と自信なげに聞きにくる場合でも、まず間違いなく違法です。

「ブラック企業」の側に立って考えてみると、彼らの戦略はよくわかります。彼らは、争われれば基本的に負けてしまうわけです。「自分たちが違法なことをしてきたんだから神妙に責任を取れ」と思うかもしれませんが、当の彼らにしてみれば責任を取らされることは何とか避けたいわけです。そこで出てくる戦略が、本人をあきらめさせることに力を注ぐというものです。実は、POSSEが当事者をサポートする上でいちばん大変なのが、この「あきらめさせない」というところです。

法律的な交渉というと、誰も予想していないような証拠が出てきて場がざわついたり、何を話しているのかさっぱりわからない難解な用語で専門家たちが口論しているドラマのような世界をイメージするかもしれませんが、そんなことはありません。

たとえば、こちらから主張することは、「賃金を払うことになっているんだからきちんと払いましょう」とか、「解雇の理由を示してください」とか、「セクハラをやめてください」とか、そのぐらいのものです。

POSSEが関わっているような現場の労使間の交渉は、法律の解釈をめぐって高説を競うような高度な次元のものではありません。法律的にも常識的にも当たり前のことを主張して、それをただきちんと実行させるというレベルがほとんどです。だから、法律的に争うといっても、その主戦場は「どちらが法律的に正しいのか」という点にはありません。「会社が労働者をあきらめさせるか、色々な資源に頼りながら労働者があきらめずにいられるか」という点にあるのです。

「こいつはちょっと手を出せばあきらめるだろう」と思われてしまうと、普通は解決できるような事案でも、会社が開き直って反対に損害賠償を請求してきたり、実家に嫌がらせをしたりと、弱いところをつかれてしまいます。「向き合う」ことを考えておかないと、そういう戦略をとられてしまうのです。

裏を返せば、会社のプレッシャーを跳ね返してあきらめずにいられさえすれば、まったくこちらの要求が通らないことはないということでもあります。日本の職場ではそれだけ違法行為が当たり前のように横行しているという悲しい事実でもありますが、だからこそ、あなたがあきらめないことは、あなたの状況を改善する上でとても大きな一歩なのです。

紛争解決機関は大きく分けて4種類

第6章でも相談窓口について整理したように、労使紛争を実効的に解決できる機関にしぼって考えてみると、次の4つのルートが用意されています。

①労働基準監督署 → 申告
②労働局の相談コーナー → あっせん
③弁護士 → 労働審判、裁判
④労働組合 → 団体交渉、団体行動

ちなみに、POSSEはいずれにも属していません。法律的には、紛争を解決する機関ではないのです。そのかわりに、どの機関にも繋がりを作れる窓口であるというのがPOSSEの利点です。①〜④のさらに手前にある入口のようなイメージです。

というわけで、①〜④のいずれでもないので、各機関の短所についても特段肩入れすることなく紹介していきます。

労働基準監督署は個人救済の機関ではない

これでようやく具体的な制度の使い方にうつることができます。この本を読んだ人が戦略的に動き出した時点でこの本の意義は全うしたことになりますので、ごく簡単な紹介にとどめたいと思います。あくまで手持ちのカードに対するイメージ付けのつもりで読んでください。

まずは労働基準監督署の使い方からいきましょう。労働基準監督署は、「助けてもらおう」と思って使ってもあまり頼りにならない、と割り切っておくのが賢明です。「助けてくれるはず」という幻想から目を醒ますには、この機関がどんな役割を担っているのかということから話を始める必要があります。

労働基準監督署は、労働分野の警察署です。つまり、取り締まり機関であって、個人救済のための機関ではないということです。警察が被害者ではなく被疑者に目を向けるのと同じように、労働基準監督署も労働者ではなく犯罪企業に目を向けています。彼らの主たる仕事はあくまで残業代を払っていない企業を取り締まることで、企業が労働者に残業代を払うのを見届けることではありません。

ですから、「困っているので助けてください」という意識で労働基準監督署に行っても、期待に応えてもらえないのは当然ともいえます。仕事の領分が根本的に違うからです。もちろん、悪事を暴かれた経営者が労働者に残業代を支払うことで逮捕を免れようとするなどして、間接的に労働者が救われる場合もあります。しかし、逆に言えば、この間接的な効果を狙って動かなければ、労働者にとってはあまり利益がない、ということです。

また、違法な事案を取り締まるのが労働基準監督署の役割なので、そもそも対応してもらえない事案というのもあります。具体的には、解雇理由を争う場合やパワハラなどです。前者の場合は「民事訴訟で争ってください」と言われます。残業代未払いや解雇予告手当ての不払いのように、違法性が明確な事案でなければ、取り締まることはできないからです。後者の場合は「警察に行ってください」と言われるのが関の山です。パワーハラスメントは労働法に規定がないので彼らに取り締まることはできませんし、暴力なら警察の領分だ、となるからです。

労働基準監督署では「申告」制度を

労働基準監督署は個人救済機関ではないかわりに、取り締まり機関です。つまり、誰の訴

■ 顕名《けんめい》申告の場合

労働基準監督署は、会社に対して「誰から申告があった」と明らかにして調査に入ります。

■ 匿名《とくめい》申告の場合

労働基準監督署には名前を明らかにする必要がありますが、労働基準監督署が会社に調査に入る際には、「誰から申告があった」ことに関しては何も言われません。申告があったこと自体、伏せられます。

図表4　顕名申告と匿名申告の違い

えがなくても、違法行為を取り締まることはできるのです。たとえば、労働基準監督署は建築や介護など管内の業界に一斉立ち入り検査をすることがあります。労働者の訴えがない会社にも平気で入っていくわけです。

一般の方にはあまり知られていませんが、この検査を装って捜査させる手があります。これを「匿名申告」と言います。匿名申告の場合、労働基準監督署が会社に告発した人の名前を言うことはありません。でも、検査を装って抽出した従業員の中に告発した人が入るので、必ず会社の違法状態は明るみに出ます。労働基準監督署を使う最大のポイントは、この「匿名申告」を積極的に活用することです（図表4を参照）。

労働基準監督署に行って「相談にきました」というと、「申告」ではない「相談」として処理されてしまいます。「申告」であっても調査をする義務が労働基準監督署に発生するわけではないのですが、「相談にきた」というよりは「申告にきた」と伝えた方が具体的な対応をとってもらえる場合が多いようです。本来であれば「相談」と言おうが「申告」と言おうが取り締まり機関としての対応をするべきと思うかもしれませんが、必ずしも現場はそうなっていないために、こうした点に注意しておくことが大切なのです。

申告をする際には、2つの条件が必要です。1つは、会社の違法状態を立証する記録・証拠を持っていること。もう1つは、改善する見込みがないことを示すことです。相談に多い残業代未払いを例にとって説明しましょう。

まず、違法性があることを労働基準監督署で示すことができないと、話は先に進みません。自分の働いた時間の記録、給与明細などを持っていって、残業代の未払いがあることを示します。

次に、改善の見込みがないことを示します。ほとんどの場合、「まず自分で請求してみてください」と言われます。ですので、結局は、一度は自分で請求してみないといけないことになります。内容証明郵便がいちばん正式な印象を与えますし、それがなければEメールでも認められます。要は、「ほら、自分で請求しましたよ。でも無理なんです。きちんと取り締まってください」と主張できればOKです。

そんなことをしていると、匿名申告であろうとも会社に当たりをつけられてしまうことはあります。証拠がなくても、「お前がタレこんだんだろう」と思い込みで嫌がらせが始まるケースもあります。その意味ではやはり、弁護士や労働組合を利用して「争う」ことを視野に入れておいた方がいいわけです。

あっせんの弱点は強制力のなさ

次に、労働局の相談コーナーについてです。ここは「あっせん（斡旋）」の窓口になっていて、そこに相談すると会社と話し合いができるように「あっせん」してくれます。

会社があっせんに応じると、担当者があっせん委員として間に入り、法律的なアドバイスをしながら話し合いが始まります。そこで両者の言い分を確認しながら、双方で落としどころを見つけていきます。

こちらも労働基準監督署と同様に利用料は一切発生しません。まともな話し合いが期待できるような会社であれば、ここを利用すると早期に解決される場合もあります。

しかし、あっせんの仕組みの場合、あっせん委員は中立的な立場になるので、必ずしも労働者に寄り添ってくれるわけではありません。この点が、弁護士や労働組合とは大きく異なると

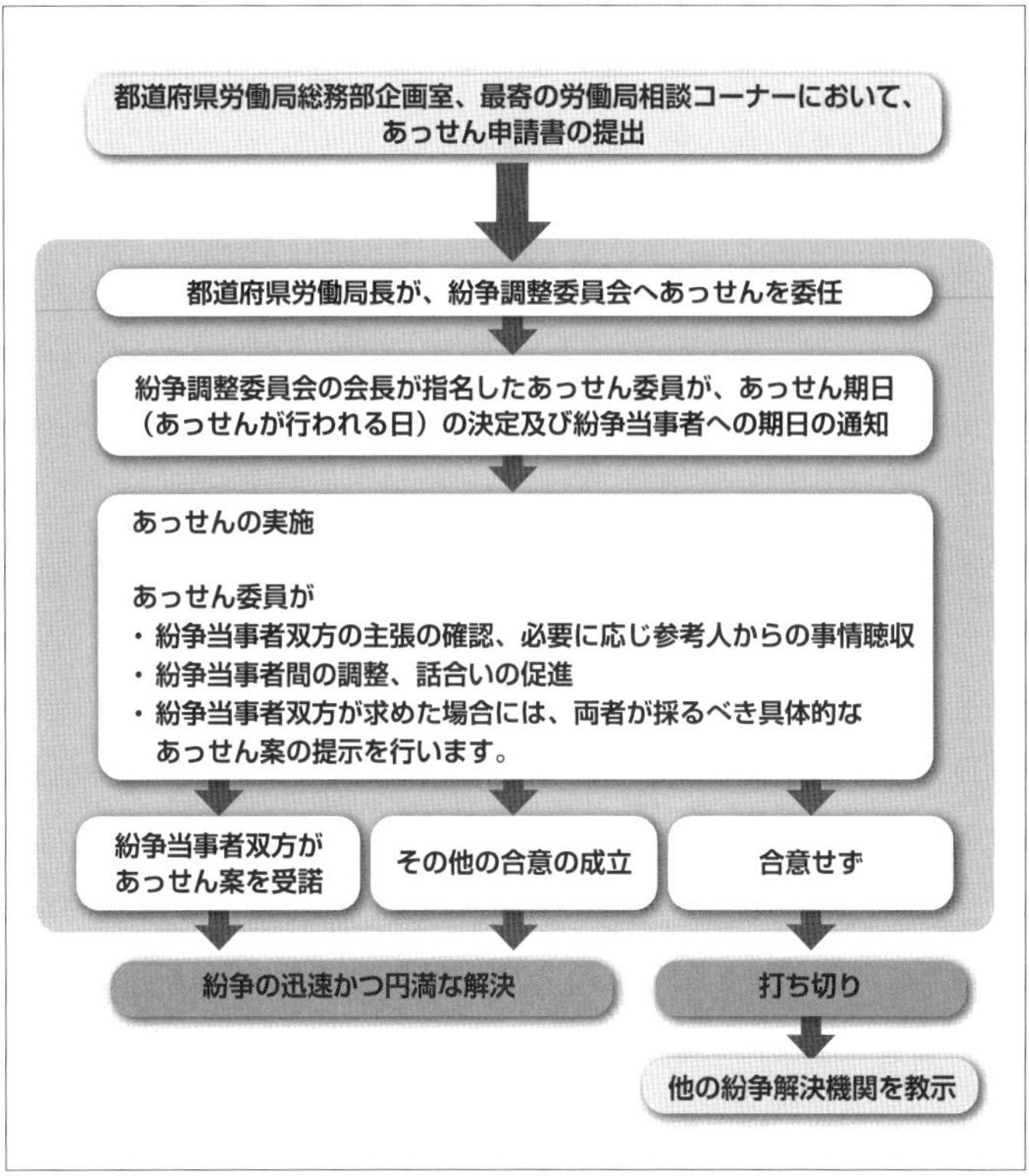
都道府県労働局総務部企画室、最寄の労働局相談コーナーにおいて、
あっせん申請書の提出
都道府県労働局長が、紛争調整委員会へあっせんを委任
紛争調整委員会の会長が指名したあっせん委員が、あっせん期日
（あっせんが行われる日）の決定及び紛争当事者への期日の通知
あっせんの実施
あっせん委員が
・紛争当事者双方の主張の確認、必要に応じ参考人からの事情聴収
・紛争当事者間の調整、話合いの促進
・紛争当事者双方が求めた場合には、両者が採るべき具体的な
あっせん案の提示を行います。
紛争当事者双方が
あっせん案を受諾
その他の合意の成立
合意せず
紛争の迅速かつ円満な解決
打ち切り
他の紛争解決機関を教示

図表５　あっせんの流れ
出典：東京労働局 HP
http://tokyo-roudoukyoku.jsite.mhlw.go.jp/hourei_seido_tetsuzuki/kobetsu_roudou_funsou/_84171/roudou-soudan/3.html

ころです。

加えて、あっせんには最大の弱点があります。それは強制力がないことです。ですから、相手が完全に開き直ってしまった場合には、まったく効き目がありません。「あっせんには応じない」と会社が言えば、それまでなのです。話し合いのテーブルにつく義務もありません。双方ともに誠実かつ冷静な話し合いができる、というのがあっせんが通用するための条件だということです。あっせんを申し出た場合に会社はどう動くだろうかと考えてから利用する必要があるでしょう。

弁護士にも専門分野がある

次に弁護士について検討していきましょう。

第6章で紹介したように、労働問題については、日本労働弁護団が無料で電話相談を受け付けています。まずは、こちらに電話して感触を探ってみてください（付録参照）。また、2013年に「ブラック企業被害対策弁護団」も結成され、特に若い人からの相談に力を入れています。

よく知り合いの弁護士に相談するというケースも聞きますが、労働法に強い労働者側の弁護士の意見も聞いておいた方がいいと思います。たとえば損害賠償をいくらくらいとれるのかというのは、日ごろからその分野を担当している人でないと見当をつけることができません。

次に多くの人にとって弁護士に頼む際に気がかりなのは、費用がかかってしまうことでしょう。面談で相談したり、交渉を依頼したりする場合には、相談料や着手金、成功報酬が必要です。相談内容によって相場は変わりますので、それも日本労働弁護団の無料相談で弁護士に直接問い合わせるのがよいでしょう。また、金銭的に相談するのが厳しい場合には、法テラスという機関でも相談することができます。収入が一定以下の場合には、1回30分程度・1事案3回までという条件で無料で面談での相談を受けることができますし、弁護士費用を立て替えてもらうこともできます（図表6参照）。

労働審判制度の利用

弁護士を頼って代理人として会社に交渉してもらった場合には、その交渉だけでけりがついてしまう場合があります。

しかし、そううまくいく場合ばかりではありません。交渉だけでは何ともしがたいときには、労働審判制度という制度を利用することになります。というより、多くの人はそちらの制度を

■収入要件とは

- 申込者及び配偶者（以下、「申込者等」）の手取り月収額（賞与を含む）が下表の基準を満たしていることが要件となります。
- 離婚事件などで配偶者が相手方のときは収入を合算しません。

人数	手取月収額の基準注1	家賃又は住宅ローンを負担している場合に加算できる限度額注2
1人	18万2,000円以下 （20万200円以下）	4万1,000円以下 （5万3,000円以下）
2人	25万1,000円以下 （27万6,100円以下）	5万3,000円以下 （6万8,000円以下）
3人	27万2,000円以下 （29万9,200円以下）	6万6,000円以下 （8万5,000円以下）
4人	29万9,000円以下 （32万8,900円以下）	7万1,000円以下 （9万2,000円以下）

注1：東京、大阪など生活保護一級地の場合、（ ）内の基準を適用します。以下、同居家族が1名増加する毎に基準額に30,000円（33,000円）を加算します。
注2：申込者等が、家賃又は住宅ローンを負担している場合、基準表の額を限度に、負担額を基準に加算できます。居住地が東京都特別区の場合、（ ）内の基準を適用します。

■資産要件とは

- 申込者及び配偶者（以下、「申込者等」）の保有する現金及び預貯金が下表の基準を満たしていることが要件となります。
- 離婚事件などで配偶者が相手方のときは資産を合算しません。

人数	現金・預貯金合計額の基準注1
1人	180万円以下
2人	250万円以下
3人	270万円以下
4人以上	300万円以下

注1：3ヵ月以内に医療費、教育費などの出費がある場合は相当額が控除されます。

図表6　法テラスを利用できる要件
出典：法テラスHP　http://www.houterasu.or.jp/nagare/youkenkakunin/

利用することを念頭において弁護士に相談に行きます。

労働審判は、かんたんに言うと労働問題限定の簡単な裁判です（図表7参照）。3回以内の審理で終わるため、裁判の際にネックだった時間的コストを解決するものとして期待されています。異議がある場合には通常の裁判に移行しますが、労働審判も裁判官が審理を行うので、当事者は「裁判をやってもあまり結果は変わらないだろう」と推察します。

裁判に比べて時間もお金もかからないとは言え、それなりに負担はあります。法テラスを活用していくのがよいでしょう。

労働組合の団体交渉は、強制的交渉

会社と「向き合う」ための選択肢の中で、最も心強いのは労働組合です。なぜなら、第一に、労働組合には団体交渉権があり、会社にはこれを断る権利がありません。絶対にテーブルにつかせることができる、強制的な交渉権です。また、交渉の中身も自由自在です。弁護士に頼む際には何か具体的な被害が生じていることが前提となります。たとえば、パワーハラスメントや過労で精神疾患になってしまったようなときには被害がはっきりしていますが、パワーハラスメントや過労はあっても精神疾患になっていないような被害がはっきりしていないケース

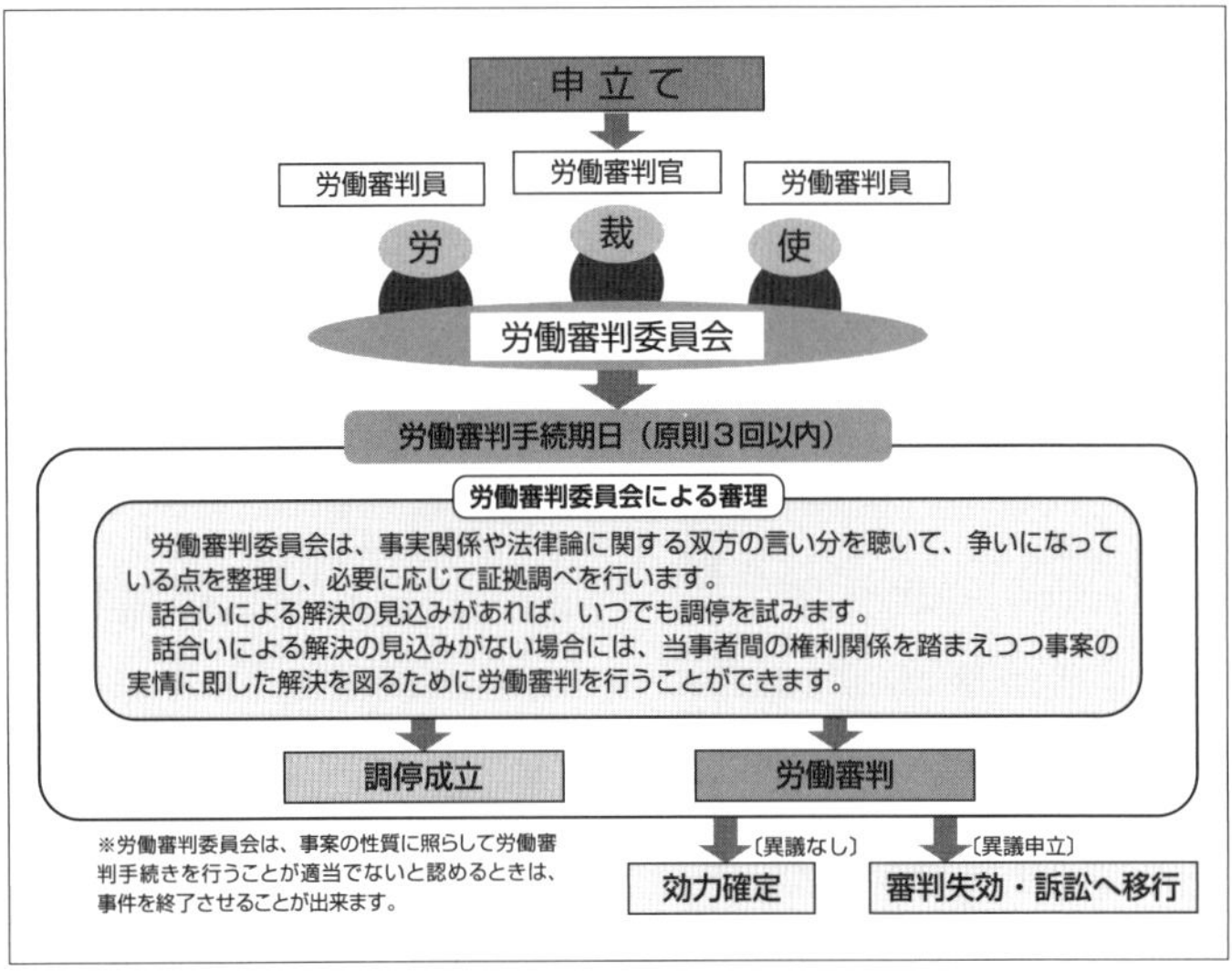

図表７　労働審判制度
出典：裁判所 HP　http://www.courts.go.jp/saiban/wadai/2203/index.html

では、弁護士に依頼して解決というのは必ずしも容易ではありません。でも、労働組合の団体交渉であれば、そういう働かせ方そのものについて、交渉の項目にのせることができます。

もちろん、交渉を強制すると言っても、要求した中身に従うように強制することはできません。しかし、会社には団体交渉に誠実に応諾する義務があるので、交渉を先延ばししたり断ったりすれば、それだけで違法行為になってしまいます。

親会社や元請けに責任を取らせる

ほかにも、労働組合のポテンシャルは様々にあります。たとえば、会社の前でビラまきをしたり、ストライキをすることも許されています。いまはこういう様子を見かけることが少ないですが、海外で映画賞を受賞している『フツーの仕事がしたい』（監督 土屋トカチ）というドキュメンタリー映画に、個人の問題を労働組合がどうやって解決するのかが描かれています。この映画は、月に550時間以上働いているトラック運転手が主人公です。1ヵ月を時間に換算すると700時間強ですから、ほとんどをトラックで過ごしている計算になります。この事件、最終的に、親会社の前で作成途中の映画を上映して問題を訴え、下請けにコンプライアンスを遵守させる約束を引き出すことで解決を見ます。こういう解決ができるのは、労働組合ならではです。

とにかく、会社と「向き合う」ことを考えた場合、労働組合は強力なツールです。あまりイメージがわかないかもしれませんが、それは労働組合のポテンシャルを今の私たちがなかなか活かしきれていないことに起因しています。きちんと活かせば、いろいろなことができるようになるのです。

ネットワークに参加する

また、労働組合の効用として、同じ状況に身を置く同世代の若者と連携がとれることがあります。こういうネットワークとしての機能を持っているのも、労働組合のポテンシャルです。自分と似たような境遇の人と出会うことは、当事者の視野を広げるのに役立ちます。

たとえば、POSSEでこれまで受けた経験から言っても、「こんな事案は他では考えられない」という事例は1件もありません。被害の程度や様態にこそ差はあっても、傾向としてはいずれも類似の相談例を挙げられるものです。ひとつひとつの事案はいずれもとんでもないので、当事者の身になれば「なんで私だけがこんな酷い目に遭うんだろう」と考えてしまうのはよくわかります。でも、あえて厳しい言い方を使えば、「あなたは悲劇の主人公ではない」のです。少なくとも、同じような悲劇は、いくらでも存在しています。何のセンセーションもない、ありふれた悲劇なのです。

だからと言って、ひとつひとつの事案について「こんなのたいしたことない」と言いたいわけではありません。たったひとつの事件がときに一人の人生を破壊することは、身に沁みてわかっているつもりです。そうではなく、自分だけの事案ではないと考えることが有益だと言いたいのです。個別な事案を見ていくと必ず特殊な要素と普遍的な要素が含まれています。そのとき、特殊な要素ばかりに目を向けて「なんで自分だけがこんな目に」と閉じこもってしまうより、普遍的な面に注目して傾向をつかんだ方が、対策が立てやすいのです。

また、当事者同士の交流は、自分たちを元気づける効果も持っています。労働法もよく知らないままひどい会社に入って精神疾患にかかってしまった人が、いったいどうやって問題を解決したのか。解決した後の生活はどのようにしているのか。そういうことを話し合えるのが、労働組合のネットワーク機能の持つ効用です。ＰＯＳＳＥもこれを見習って当事者の人たちが懇談する機会を設けています。法律の本を読んだり専門家の意見を聞いたりして「何とかできます」と理屈で説かれるよりも、自分と似たような境遇の人から実際に「何とかできた」話を聞いたり、その場面を目撃する方が、ずっと「自分にもできるかも」という気になれるはずです。

ですから、弁護士や行政の機関で解決を図る選択をするとしても、当事者のネットワークに参加することはそれだけで特別な意味があるといえます。最後まであきらめずに会社と交渉するために、そういう人間関係はとても重要です。それに、自分は会社と交渉する選択をしない場合でも、他の人の応援をしたり、次の職場に備えて経験を増やしておいたりという関わり方もできます。ネットワークにはいつ参加してもいいのです。

「ブラック企業」に入ってしまった人たちに対して私が強く言いたいことは、追い詰められる前に相談してほしいということ以上にはありません。でも、もし可能であれば、そうして自分の問題が解決した暁には、同じようなトラブルに悩んでいる人の話を聞いて、自分の経験を語ってほしいのです。支えあう形で問題を解決した方が、より多くの人が元気で働ける社会が実現します。個別のトラブルであったとしても、それをみんなで解決する仕組みを、POSSEとしても広げていきたいと思っています。

会社と「向き合う」メリット

会社と「向き合う」ということは、ここに挙げた手段のいずれかを使って現実的に問題を解決していくことだと言えます。つまり、制度にのっとって自分の権利を主張するということです。これが、労働者が個人として生き延びる上での王道です。

とはいえ、これを一人でやるのは言うまでもなく難しいことです。だからこそ、適切な機関に頼ったり、争わないにしてもできるだけ上手に脱出する戦略をとることが必要になってきます。

しかし、やはり王道を外れてしまうと、それはそれでとても大変なのです。現実の制度は、「王道を歩けばいいじゃない」でできています。「文句を言わなかったあなたが悪い」の世界だと言ってもいいでしょう。違法なことをしている会社に「いや、それでもいいんです」という態度でいながら、一方で「違法なことをされたから助けてほしい」と言う人に対して、制度はとても冷たく対応します。直接的に会社と争うのを避けながら実をとっていくのは、本当に難しいことなのです。

反対に、相談窓口や公的な制度を駆使して王道を進むことができれば、かなり展望が開けます。なんだかんだ言っても、会社にしてみれば「向き合う」決意をした労働者がいちばんこわいのです。そういう労働者に陰湿な嫌がらせをしても、「不当な嫌がらせだ」と、さらに責任を取らされるだけだからです。そうすると、会社の戦略だったはずの圧力は、会社にとって自分の隙を見せることになってしまいます。社内だからこそ「自分がルールブックだ」といわんばかりの態度で許された経営者も、社会のルールに照らされれば大きな顔はできません。「向き合う」戦略を選択すると、一気に解決の目処が立つのです。

ここからは夢物語に聞こえるかもしれませんが、一度会社と「向き合う」と、それはとても良い経験になります。今のご時世、転職した先が「ブラック企業」ということもいくらでもありえます。そんなとき、「またブラック企業だったらどうしよう…」と思うより、「またブラック企業にあたっても、こういう風に解決すればいいんだ」という心持ちになれるという効果もあります。もちろん、そんな経験をしたからと言って、次も「ブラック企業」なのは嫌だという人は多いでしょう。しかし、そのときに行動指針があるとないとでは、かなり不安感は変わるはずです。

これで、会社でトラブルに遭った場合の戦略についての解説は、ほぼ一段落がつきました。見分けるところから会社と向き合うところまで、局面と希望に応じてどんな選択肢があるのかを紹介してきました。次章の法律知識は、補足的な位置づけです。一定の知識を持っておくことでさらに選択肢のイメージを抱きやすくなると思います。本章までに紹介してきた戦略の中に位置づけながら、有効に活用してください。

第9章 若者こそ知っておきたい労働法の基礎知識

この章では、若い労働者が必要としそうな労働法の基礎知識を、簡単に整理しています。実際に行動に移す際には、やはり専門家に相談してほしいですが、だいたいのイメージをつかんだり、自分の現在の状況や今後の対応を判断するときの材料のひとつとして活用してください。

1．労働法を使う際の心構え

労働法の基本的な知識を学ぶ前に、法律を使うために必要な「心構え」を紹介しましょう。これらは、高校や大学に労働法の出張授業に行ったとき、必ず覚えておいてほしいと強調する「合言葉」です。

1つ目は、「会社の言うことがすべてではない！」。会社は、会社自身にとって都合の悪い選択肢を提示してくれるわけではありません。「AかBか」と提示された選択肢で迷っていた場合でも、本当は「C」の選択肢があるのです。必ず嘘をつく、とまで疑う必要はありませんが、本当は別の道もあるのではないかと想像することが大切です。最終的にAかBを選ぶことになるとしても、他の選択肢も十分吟味した上で検討した方が、納得がいくものでしょう。

2つ目は、「あきらめない・自分を責めない！」。解雇や減給などの処分を受けた場合、労働者はよく自分の落ち度を責めてしまいがちです。「だから会社に違法なことをされても仕方ない」。そうあきらめてしまいがちです。特にPOSSEにくる若い労働者にはそういう人が多いように思います。しかし、働き始めのうちから完璧に仕事ができるはずもありませんし、どこにも欠点のない人間はいません。落ち度がないと思う方が傲慢というものでしょう。ですから、自分に悪いところ・見直すべきところがあるかどうかを考えてもよいのですが、それと会社が違法なことをしているかどうかは、きちんと峻別して考えるべきです。たとえどんなにいけ好かない人間であっても、殴ったりしてはいけません。同じように、多少仕事ができないぐらいで、精神的に追い詰めたり、生活を崩壊させたりしてはいけないのです。

3つ目は、「おかしい・つらいと思ったらすぐ専門家に相談！」です。まず重要なのは、専門家の意見を聞くことです。労働法の知識を持った専門家に、話を聞きましょう。カウンセラーや家族・友人の意見を聞くことも重要ですが、法律的に「そもそも我慢しなければいけないのか」という視点でアドバイスができるのは、労働法に精通した人の強みです。「法律的

1．会社の言うことがすべてではない！

2．あきらめない・自分を責めない！

3．おかしい・つらいと思ったらすぐ専門家に相談！

4．証拠・記録を残す！

図表８　労働法を使うために必要な４つの心構え

にみてどれだけ自分の職場がおかしいのか？」という判断指針を持つことは、これまでの章で見てきたように、徹底的に我慢して最終的に心身を壊してしまう結果を避けるために欠かせません。そして、専門家に相談に行くタイミングは、「おかしい・つらいと思ったら」。これがポイントです。これについては第６章で詳しく理由を書いていますので、そちらを参照してください。要するに、早いうちに相談に行っておくべきだということです。

４つ目は、「証拠・記録を残す！」。証拠や記録は、会社がおかしいと思う前から残すようにした方がいいでしょう。高校での出張授業でも、これはこれからの時代の大人に求められる必要なスキルだと強調しています。何かあってから、追い詰められてから証拠を集め始めるよりも、やはり普段から記録を残しておいた方がいざというときに動きやすくなります。証拠がそろっている状況の方が、とりうる選択肢が多いのです。特にトラブルがないまま辞められればラッキーだ、というくらいの心構えで周到に準備をしておくこと。自然災害への備えと同じ考え方です。

労働法の教科書を読んで自分で勉強するよりも、以下の記述をすべて暗記するよりも、まずここで述べた4つの心構えを身につけておく方が、いざというときの役に立つはずです。

それでは、具体的な法律の基礎知識に移りましょう。

2. 働く際の「ルール」についての基本

(1) 約束が大事

働く際のもっとも基本的なルールは、「約束が大事」だということです。

商品のやり取りが契約によってなされているのと同じように、労働者の働き方も契約によって決まります。労働者が働く際に使用者と交わす契約は、「労働契約」と呼ばれます。これは労働者と使用者双方の自由な意思に基づく合意によって決まります。つまり、労働者が働く際の条件は、会社とどんな合意をしたか、どんな約束をしたかによって決まるのです。

「ルール」というと、よく国が法律で何かを決定しているように誤解されますが、これは不正確です。もちろん、会社が約束を破った場合に労働者が裁判を起こせば法律に基づいてそれがおかしいかどうか判断されるので、決して法律と無関係というわけではありません。しかし、日常的なルールの基礎は、やはり労使間で交わされた約束にあります。

約束が大事だということは、会社が一方的に約束の内容を書き換えたり約束を破ったりしてはいけないということです。労働者が約束の当事者であるわけですから、気分や景気の良し悪しで会社が勝手に賃金を減らすことはできません。また、むりやり労働者から合意を引き出そうとしてもいけません。意外に思う人もいるかもしれませんが、働く人、会社にとって、「働いてもらう人」の意思は、とても重要なのです。

自分がどんな約束で働いている／働いていたのかを知ることは、働く「ルール」を知る第一歩です。

(2) 約束してもダメなものはダメ！

とはいえ、新卒で会社に就職する場面を想定してみると、とても労働者の意思が契約に反映されているとは思えない人が多いはずです。このように、対等な契約当事者という建前はあっても、それが実体を伴っていない場合はよくあります。だからこそ、「労働者の意思が大事」と言われても、実感を持ちづらいのです。

そこで、労働者が自分の意思で約束していたとしても、それがあまりに不合理な内容であったり、労働者自身の生命や健康を担保できない場合に、その約束はいけないものだとする「ルール」が存在しています。

一口に労働法といってもいくつかの法律がありますが、そのなかでも最も有名なものの1つに、「労働基準法」という法律があります。この法律の「基準」の意味は、約束についての「最低限度の基準」ということです。たとえ「会社の経営がうまくいかなくなったときにはいつクビになってもかまいません」とか「会社にもし何らかの損失があった場合には全額を賠償します」と約束して働き始めた労働者がいたとしても、これらの約束は労働基準法に違反するため、無効となります。生活に窮した労働者が自分の権利を自分の意思で放棄してしまうことを、法律は認めていないのです。これは、そういう風に限度を割って働く人が増えることによって、権利を放棄しては生きていけない人たちが働けなくなってしまうことを防ぐ機能も果たしています。

(3) 法律に書かれていない社会的な「ルール」

労働法の条文をすべて丸暗記しても、まだ法律をマスターしたことにはなりません。私たちが労働相談を受ける際には、たとえば厚生労働省が行政機関に通達として出しているものであるとか、裁判例であるとか、それらの様々なものも考慮に入れて総合的に判断しています。これらは約束としての「ルール」とも法律としての「ルール」とも違いますが、労働者も使用者も参照せざるをえない「ルール」として現実に私たちの社会に存在しています。

法律の条文以外に「ルール」が存在しているということは、現在明確な形で「ルール」が存在していない領域についても、新たに「ルール」を作るチャンスがあるということです。

非常にわかりやすい例は、過労死の認定訴訟で遺族の方たちが勝訴を重ね、最終的に行政の判断基準を変えさせてきた歴史でしょう。たとえば過労自殺は、「自分で命を絶ったのだから」と、ほんの十数年前まで決して労災になることはありませんでした。うつ病の症状として自殺衝動が生じることを主張し、勝訴判決を勝ち取る過程を経て、ようやく過労自殺は労災として認められるようになったのです。過労死と認定される労働時間も、徐々に多くのケースで認められるように基準が書き換えられています。

もちろん、いきなり空白の領域に線が書き込まれるということはなく、それまでの積み重ねで徐々に「ルール」ができていくというイメージを持った方がいいでしょう。そして、たいていの問題で、何らかの積み重ねはあるものです。この辺りの判断は専門家でないと把握しきれず、弁護士であっても知っているとは限りません。だから、労働問題に精通した専門家に相談することをすすめています。

自分が働く際の約束をまずは知って、そしてその約束が法律に違反していないかを調べる。これが、自分の状況を法律的に評価する際の基本的な考え方です。そして、重要なことは、決して一人で判断を抱え込まないことです。自分の働くうえでの「ルール」を知ろうとすることはもちろん大事なことですが、そのうえで専門家の意見も聞いて総合的に判断することで、より深く自分の状況を知ることができるのだと思います。

それでは、次の項目からは、私たちの働く上での約束がどんな「ルール」によって枠づけされているかを見ていきましょう。

3．残業代にまつわる問題

（1）割増率とその条件

1日8時間、週40時間。これが、労働基準法に定められた労働時間の基本的な上限です。しかし、「36協定《さぶろくきょうてい》」と呼ばれる協定を労使が交わすことで、この上限を超えて労働者を働かせることが許されています（労働基準法第36条にあるのでそう呼ばれています）。この場合には、会社は残業代を支払わなければいけません。具体的には、時給1000円のアルバイトが残業

種類	該当する場合	割増率 (a)	割増率 (b)
①深夜労働	22 時～翌 5 時（深夜時間帯）に労働した場合	25%以上	—
②時間外労働	(a)1 日 8 時間 or 週 40 時間を超える労働（時間外労働）をした場合* (b) 時間外労働が 60 時間を超えた場合**	25%以上	50%以上
③休日労働	法定休日（1 週に 1 日、必ず与えられなければいけない休日）に労働した場合	35%以上	—
④	①＋②	50%以上	75%以上
⑤	①＋③	60%以上	—
⑥	②＋③（※②と③は合算されない）	35%以上	50%以上
⑦	①＋②＋③	60%以上	75%以上

＊　法定労働時間を超えた部分についてのみ割増賃金が発生します。
＊＊　現在、適用されるのは大企業のみに限られます。

図表９　法定割増率

した場合には、１時間につき少なくとも２５０円分を割増しして残業代として支払う必要があります。

残業の場合だけではなく、「休日労働」や「深夜労働」に該当する場合にも、賃金が割増で支払われます。それぞれの条件と法定割増率は、図表９の通りです。

この３つのタイプの割増しは法律で決まっていますので、「仕事が遅いから」とか「残業代は出ない約束で働くことにしたから」とかいう理由で払わないことは許されません。それは犯罪にあたります。

しかし、この法律には、いくつかの例外があります。実際に存在する「例外」を口実に、本当は「例外」には該当しないようなケースであるにもかかわらず、まるで「例外」であるかのように装って残業代を支払わない会社が存在します。この例外をきちんと把握し、会社に騙される被害を防ぎましょう。

（2）名ばかり管理職

最近大きな問題になったのは、「名ばかり管理職」と呼ばれるケースです。これは、「管理監督者」には労働基準法が適用されないことを用いて、本当は「管理監督者」でない人にまで賃金を支払わない手口です。ですから、「名ばかり管理職」という名称は正確ではありません。本当の管理職であっても、管理監督者には当たらないケースがあるからです。「偽装管理監督者」と呼んだ方が正確でしょう。

管理監督者というのは、経営者と一体の立場にある人を言います。これは働く本人の意識がどうかではなく、客観的に決まります。たとえば、ファストフードやコンビニ、アパレルなどの大手チェーン店の店長クラスでは、管理監督者には当たりません。到底、経営者と一体的な立場とは言えないからです。具体的には、①職務内容、②責任と権限、③勤務態様、④賃金などの待遇の4点で評価されます。たとえば上司に決裁を仰ぐような立場では管理職であっても管理監督者には該当しませんし、出勤時間に裁量がないようなケースでも該当しません。ここに該当するのは、社内でごくわずかの人たちなのです。

(3) みなし労働時間制

更に、みなし労働時間制というややこしい制度もあります。マクドナルドの店長が過労死するような事件が多発して「名ばかり管理職」が社会問題となってから、この制度を導入する会社も増えているようです。

「みなし労働時間」とは、実際の労働時間にかかわらず、「このぐらいの時間働いていた」とみなす制度です。みなし労働時間制には、全部で3つの種類があります。①事業場外労働に関するみなし労働時間制、②専門業務型裁量労働制、③企画業務型裁量労働制の3つです。制度全体がややこしいために「うちはみなしだから」などと言われると「ああ、そうか」と思ってしまいがちですが、この制度を正しく使っていない会社は結構あります。

「みなし労働時間制」は実態と手続きの両面からチェックすれば大体正しいかどうかわかります。まずは実態について紹介しましょう。

先ほど書いたように、「みなし労働時間制」は、「このぐらいの時間働いていた」とみなす制度です。なぜこの制度が認められたかというと、実際の労働時間を把握できないケースがあるからです。たとえば、①の場合は、外回りの営業の人の休憩時間を把握できないとか、②や③の場合は、生活時間と労働時間の区別がはっきりしないとか、そういう事情があるとされているわけです。

ですから、たとえば労働時間を管理されているようなケースでは、「みなし労働時間制」を導入する必要がありません。必要がなければ、「みなし労働時間制」を使ってはいけません。今は外回りの営業でも逐一報告を求められたりGPSで所在を管理されたりしています。また、「裁量労働制」と言いながらも、定時の出勤を求めるなどしてはっきりと労働時間と言える（とても生活時間と曖昧な時間とは言えない）時間帯のあるケースがあります。

次に、手続き面についてです。②と③の裁量労働制についてはかなり細かく定めがあります（図表10を参照してください）。こうした手続きをきちんと踏んでいる会社は、POSSEの相談ではあまり多くありません。特に中小企業の場合には「うちは裁量労働制だ」と言っているだけのケースはむしろよくあります。

（4）内容証明郵便で未払い賃金を請求してみる

さて、それでは実際に残業代が支払われていなかった場合にはどのような方法で支払いを求めることができるでしょうか。ここでは内容証明郵便を使って未払い賃金を請求する方法を紹介しておきます。

内容証明郵便というのは郵便局のサービスで、どんな内容の手紙をどこにいつ送ったかを記

種類	専門業務型裁量労働制	企画業務型裁量労働制
対象業務	①新商品・新技術の研究開発等 ②情報処理システムの分析設計 ③取材・編集 ④新デザインの考案 ⑤プロデューサー・ディレクター ⑥厚生労働大臣指定業務（コピーライター等、システムコンサルタント、証券アナリスト、大学における教授研究、不動産鑑定士など）	以下のすべてに該当する業務 ①事業運営に関する事項についての業務 ②企画・立案・調査・分析業務 ③業務の遂行方法を労働者の裁量に委ねなければ適切に遂行することができない業務 ④遂行手段や時間配分の決定等に関して使用者が具体的な指示をしないこととする業務
対象労働者	対象業務に常態として従事する者	以下のすべてに該当する労働者 ①対象業務を適切に遂行するための知識、経験（少なくとも3～5年の職業経験）等を有する者 ②対象業務に常態として従事する者
導入条件	過半数労組または過半数代表者との労使協定の締結・届出	・対象労働者の個別同意 ・労使委員会（労働者側委員が半数以上）の委員の5分の4以上の多数による議決による決議と届出

図表10　裁量労働時間制の導入に必要な条件
参考：かながわ労働センター作成『労働手帳 2013』

録・証明してくれるものです。なぜこの内容証明郵便を送るのかには、２つの理由があります。１つは、会社に未払い賃金を請求したことの記録を残しておくため。もう１つは、こちらがただ言っているだけではなくて本気だという姿勢を会社に示すことにあります。今や１つ目の理由についてては電子メールでも代替可能なので、アドバイスとして内容証明郵便を勧める場合は後者の理由で選択していることがほとんどです。

内容証明郵便には特殊な文字が使えなかったり、行数・字数の指定があったりします。詳しくは郵便局のホームページで確認できますので、そちらを確認してください。そうして作った文章を３部用意し、郵便局で内容証明郵便として出します。１部が会社に送られ、１部が手元に残り、１部が郵便局に保管されるという次第です。

4. セクハラ・パワハラ・マタハラ

行政の相談窓口に寄せられる相談の内容をみると、人間関係の悩みがいつも上位に入ります。しかし、それは単なる「人間関係」というにとどまらず、ハラスメント（嫌がらせ）として問題になるような中身が多く含まれています。

職場で人間関係に悩んでいるとき、それは果たして我慢しなければいけないものなのかどう

①身体的な攻撃（暴行・傷害）
②精神的な攻撃（脅迫・暴言等）
③人間関係からの切り離し（隔離・仲間外し・無視）
④過大な要求（業務上明らかに不要なことや遂行不可能なことの強制、仕事の妨害）
⑤過小な要求（業務上の合理性なく、能力や経験とかけ離れた程度の低い仕事を命じることや仕事を与えないこと）
⑥個の侵害（私的なことに過度に立ち入ること）

図表11　パワハラの6つのパターン

か。以下に記すことを参考に判断してください。

（1）パワーハラスメント（パワハラ）

パワハラについては、実は法律上に明記されていないので、「法律ではこうなっている」とは言えません。ただし、厚生労働省が発表したパワハラのパターンがありますので（図表11）、まずはこれを参考にしてみましょう。

このうち、たとえば物理的な暴力がある場合には、労働法など関係なくまず暴行罪にあたりますし、勝手に携帯を見るなどはプライバシーの侵害として問題になります。また、本人は「パワハラ」だと思っていても、たとえば自分だけ賃金を勝手に下げられたとか、退職強要だったとか、実は別の労働問題である場合があります。こういうときは、人間関係の問題として考える前に、具体的に何をされているの

①対価型セクシュアルハラスメント：職場において、労働者の意に反する性的な言動が行われ、それを拒否したことで解雇、降格、減給などの不利益を受けること

②環境型セクシュアルハラスメント：性的な言動が行われることで職場の環境が不快なものとなったため、労働者の能力の発揮に大きな悪影響が生じること

図表12　セクハラの2つのパターン

かを考えた方が解決しやすくなります。

というのも、厚生労働省のパワハラのパターンに当たっていたとしても、判例や相場観からすると、パワハラだけで会社と交渉するのはなかなか厳しい道なのです。もちろん、他の法律違反がなくても、パワハラはそれだけで問題です。しかし、具体的な解決を考えるのであれば、なおさら他の法律違反がないかどうかもセットで見ていく視点が必要でしょう。

(2) セクシュアルハラスメント（セクハラ）

パワハラと違って、セクハラについては、男女雇用機会均等法に定めがあります。セクハラは「対価型」と「環境型」の2つのタイプで説明されます（図表12参照）。

特に見落とされがちなのは環境型セクハラです。自分に向けた発言でなくても、職場で猥談をしている上司がいる、ヌードポスターが飾られているなど、働く人にとっ

て不快な環境があれば、それはセクハラに当たります。

難しいのは、セクハラが起きてしまうような状況の背景には、そのことについて被害者が文句を言うことが難しいような状況があることが多いという問題です。嫌だと感じた人が文句を言えないからこそ、厚かましく様々な要求をしたり、軽率な発言をしたりという事態が継続するのです。ですから、そんなときは自分一人で何とかしようとはせず、早めに外部の専門家に相談した方がよいでしょう。我慢にも限界がありますし、すべきでない我慢というものもあります。線引きが難しいからこそ、早めに相談しておいた方がよいのです。

(3) マタニティハラスメント (マタハラ)

最近、マタハラという言葉が広がり始めています。妊娠を理由に仕事を辞めるようにいじめたり、逆に体調も無視して休ませず重労働をさせたりという、昔からよくある問題です。この言葉が広がることで新たにマタハラを問題にする人が増えるのであれば、いいことだと思います。

さて、マタハラというのは、妊娠や出産を理由にした差別的な取り扱い、あるいは当然なすべき配慮をしないことをさします。この問題についてはかなり厳格に法律で禁止されていることがありますので、図表13でそれを紹介しておきます。

禁止	妊娠、出産、産休、母性健康管理措置等を理由とする不利益な取り扱い
無効	妊娠等が理由でないことを事業主が証明できない場合の妊娠中または産後1年以内の解雇
禁止	妊娠、出産を退職理由として予定すること

図表13　妊娠・出産時の取扱いに関する禁止事項など

結婚したり子どもを産んで育てたりといった生活については、仕事に侵食されないように強く法律で保障されていると言えます。

(4) 記録や証拠の残し方

これらの嫌がらせについて会社と交渉する際、いちばん厄介なのは、記録や証拠が残りづらいということです。

記録や証拠を残すうえでいちばん有効なのは、ICレコーダーやスマートフォンなどで録音しておくことです。隠し録りでかまわないので、具体的な発言を残しておくようにしましょう。

録音が難しい場合には、メモでも十分な証拠になります。継続してパワハラ・セクハラが行われている場合には、毎日記録をつけましょう。記録は一冊の手帳につけて、何もない日についても、「何もなかった」でいいので一言書いておく習慣をつけましょう。その方が、継続して記録をつけていることが把握できて、後から捏造したものだなどと言われづらいからです。

記録をつける際には、「いつ・どこで・誰が・何をして・自分はどう感じたのか」を書いておきましょう。客観的な事実だけでなく、自分がどんなに苦しい思いをしたのか、どんな風に悩んだのかを書いておくことで、ハラスメントによって生じた弊害を把握することができる記録になります。

5. 懲戒

(1) 懲戒は、たくさんのルールで縛られている

会社から、罰金を払うように命令される。懲戒解雇だと言われた。これらは、いずれも「懲戒」のルールに関わる問題です。

懲戒というのは要するに会社が労働者を罰する制度です。刑法では国以外の主体が制裁を科すリンチ（私刑）が禁止されていますが、懲戒は一定のルールの下で許されています。この「一定のルールの下で」というのが重要で、本来はやってはいけないはずの制裁が認められるわけですから、それなりに厳しい条件をクリアする必要があるということです。好き勝手に制裁を科すことは許されていません。

（2）懲戒処分の条件

懲戒処分を加えるには、次の5つの条件が必要です。

①懲戒の根拠があること
②懲戒事由・懲戒手段が合理的であること
③相当性の原則
④平等取り扱いの原則
⑤適正手続きの原則

これだけではちょっとわかりづらいので、簡単に説明を補足します。

まず、1つ目は、懲戒規定が就業規則などに定められている必要があるということです。どんな行為をした場合に、どんな手段の懲戒を加えられるのか、事前に労働者に周知する必要があります。法学の授業をとったことのある人は、刑法の「罪刑法定主義」という言葉を思い出すかもしれません。どんな行為が罪になって、どんな刑罰が科されるのかを、予め法に定めておかないといけない。企業の懲戒もこれと同じです。

次に、懲戒の理由や制裁の与え方が常識的なものである必要があります。定めれば何でも良い、というわけではありません。

また、「相当性の原則」と言って、懲戒の理由となった行為と処分とのバランスをとる必要があります。不可抗力や些細なミスを懲戒処分の対象とすることも、バランスがとれていないので認められません。

「平等取り扱いの原則」というのは、人によって差別してはいけないということです。

最後の「適正手続きの原則」では、処分の手続きの適正さ・公平さを保つことが重視されます。罪を犯した人が裁判を受ける権利があるように、懲戒の対象となる労働者には弁明の機会が与えられなければいけません。証拠を明らかにしていないのに推測で懲戒処分を加えることも問題になります。

これらのルールを守った上でないと、懲戒処分を科すことは許されないのです。現場で適当な理由で、上司の裁量ひとつで決まってしまうような懲戒は、法律的には認められないということです。

（3）罰金には上限がある

これらのルールに照らして問題がなくても、減給処分の場合には、上限が定められています。

1回の制裁事案に対する減給額は平均賃金の半日分までです。日当7000円の人がどんなことをしても、減給で加えられる制裁は、3500円までということです。また、同じ人が何回も制裁事案をしたとしても、次の給料日までの間に加えられる減給の総額はその間の賃金総額の10分の1以下でなければなりません。1月に15万円ぐらいの賃金を受け取っているとすると、1月に何回制裁されるようなことをしたとしても、1万5000円までしか減給処分にはならないということです。「30分遅刻したら罰金5000円」などという社内ルールがよくありますが、国の法律に照らすとそれこそ罰せられるべきものなのです。

もし懲戒になるはずのない事案で減給になったり、上限を超えた制裁を科されたりした場合には、支払うべき賃金を支払っていないのと同じ状況なので、未払い賃金を請求することができます。

6. 解雇・退職

(1) 離職のパターンを知っておこう

離職には、様々なパターンがあります。それぞれに法律的に扱いが異なるので、まずは離職のパターンをつかむことから始めましょう。

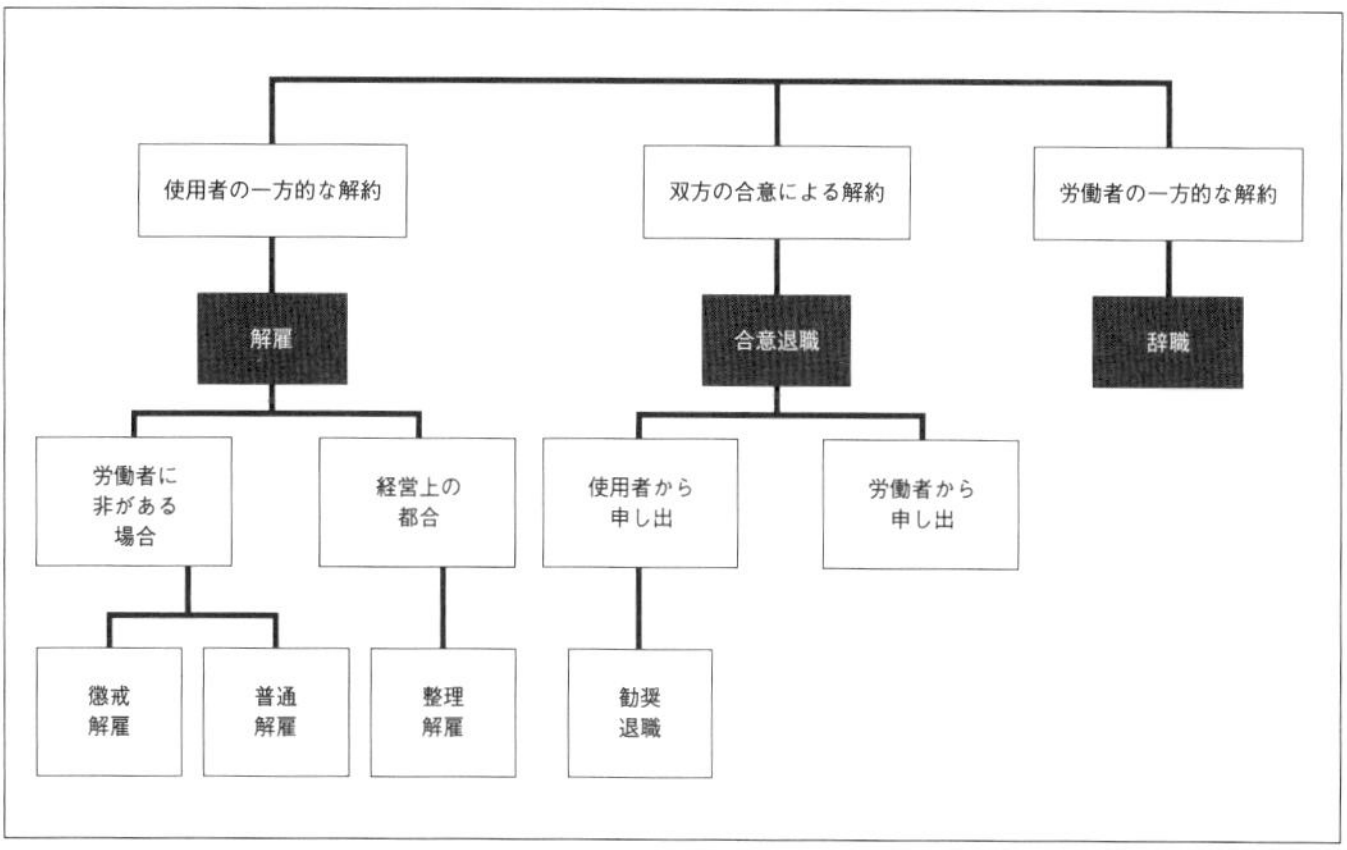

図表14　離職の代表的なパターン

図表14にあるように、離職にはいくつかの代表的なパターンがありますが、次の3つに分けて考えることが大切です。1つ目は、労働者が一方的に辞めた場合（辞職）。2つ目は、使用者が一方的に辞めさせた場合（解雇）。3つ目は、労使双方が合意してやめる場合（退職）です（他に、定年退職や死亡退職があります）。なお、有期雇用の場合には別の考え方も必要になるので、183頁以降も参照してください。

それぞれの離職形態について、どんなルールがあるのかを紹介していきます。

(2) 辞職の法律問題

辞職のルールを知る上で最も基本的なことは、労働者には職業選択の自由、退職の自由が保障されているということです。意に反して無理やり働かせるのは強制労働に当たり、厳しい刑罰が科される構成になっています。ですから、たとえどんなに個人的で些細な理由であったとしても、会社には辞めるのを妨害することはできません。問題になるとすれば、タイミングぐらいです。

タイミングについても、結論から言えばいつ辞めても問題ありません。だから、本当に精神的に追い詰められてしまったような場合は、「明日辞めます」と言ってもいいと思います。それによって法律的に不利益を被ることはないからです（第7章も参照してください）。

どういうことか説明していきましょう。無期雇用の場合、労働法にはいつまでに辞めると言うべきかは規定されていないのですが、民法に則ると、14日前に退職を申し出れば辞められます。これが基本です。

次に、会社によっては就業規則を設けているところがあり、大抵は30日前に申し出ることとされています。これに従っておくのが最も無難ですが、「引き継ぎが終わるまで」とか「繁忙期が過ぎるまで」とかの口実によるそれ以上の期間延長の要求には、まったく従う必要がありません。会社が言っている期間を守っているのに、文句を言われる筋合いはないからです。逆に、この期間を守っても辞職を妨害されるような可能性がある場合には、理屈が通じないわけですから、早期に専門家に相談した方がいいでしょう。

そして、これらの期間を守っているほどの余裕がない場合はどうなのか、という問題です。

この場合は、極論を言えばすぐ辞めてしまってもよいと思います。なぜなら、たとえば損害賠償を請求するような制裁を加えることは会社にはできないからです。よほど会社にとって重要な人物で、いきなり辞められると大事な商談が破談になるくらいの事情があれば、損害賠償が発生することもありえるでしょう。しかし、そういう人はそもそもそこまで追い詰められず、もう少し大切に扱われるものです。実際、POSSEに相談にくるようなケースでは、脅しで請求してくるケースこそありますが、裁判で賠償命令が出たケースは1つもありません。また、そういうケースではまず間違いなく雇用環境に法律違反があります。会社側が契約や法律を誠実に守っていないのに、こちらが会社の就業規則を守らなければならない道理は、やはりありません。そういう意味で、追い詰められてこれ以上は続けられないという場合には、直前に辞めてしまっても仕方ないものだと考えて大丈夫です。

いずれのケースでも、もし有給休暇が残っているなら消化してから辞めることをおすすめします。たとえば20日間の有給休暇があるなら、10日後から有給休暇を20日分使って30日後に辞めるということも可能です。これで、就業規則も守ったことになります。もちろん、30日勤めてから20日間有給休暇を使い、50日後に辞めるという選択もあります。

（3）解雇は、理由・手続きの両面で

辞職の場合とは違って、会社側が解雇する場合には、労働法にも定めがあります。理由と手続きのそれぞれについて紹介していきましょう。

解雇する理由については、巷で言われているほどには定めがありません。きちんとした理由がなければ解雇してはいけない、という程度です。

多くの労働者は、収入のすべてを賃金に依っています。「顔が気に入らない」、「一緒に部下をいじめようとしたのに参加しなかった」などの理由で解雇されるケースは少なくありませんが、これを法律で認めてしまうと、社会不安になります。たとえば、「CMに出ていた女優の顔が気に入らない」という理由で携帯電話を解約するのは、法律的には問題ありません。しかし、雇用契約は、同じ1つの契約でも、携帯電話とは打ち切られることの重みがまったく異なります。だからきちんとした理由が求められる。こういうことになっています。

解雇には、普通解雇・懲戒解雇・整理解雇と大きくわけて3つの類型があります。それぞれについて「きちんとした理由」を紹介していきましょう。

懲戒解雇は懲戒処分として最も重いものですので、会社の金を横領する程度の重大な問題がなければ、該当しません（171頁以降の懲戒の箇所も参照してください）。

普通解雇についても基本的には同じ考え方をする必要があります。たとえば「仕事ができ

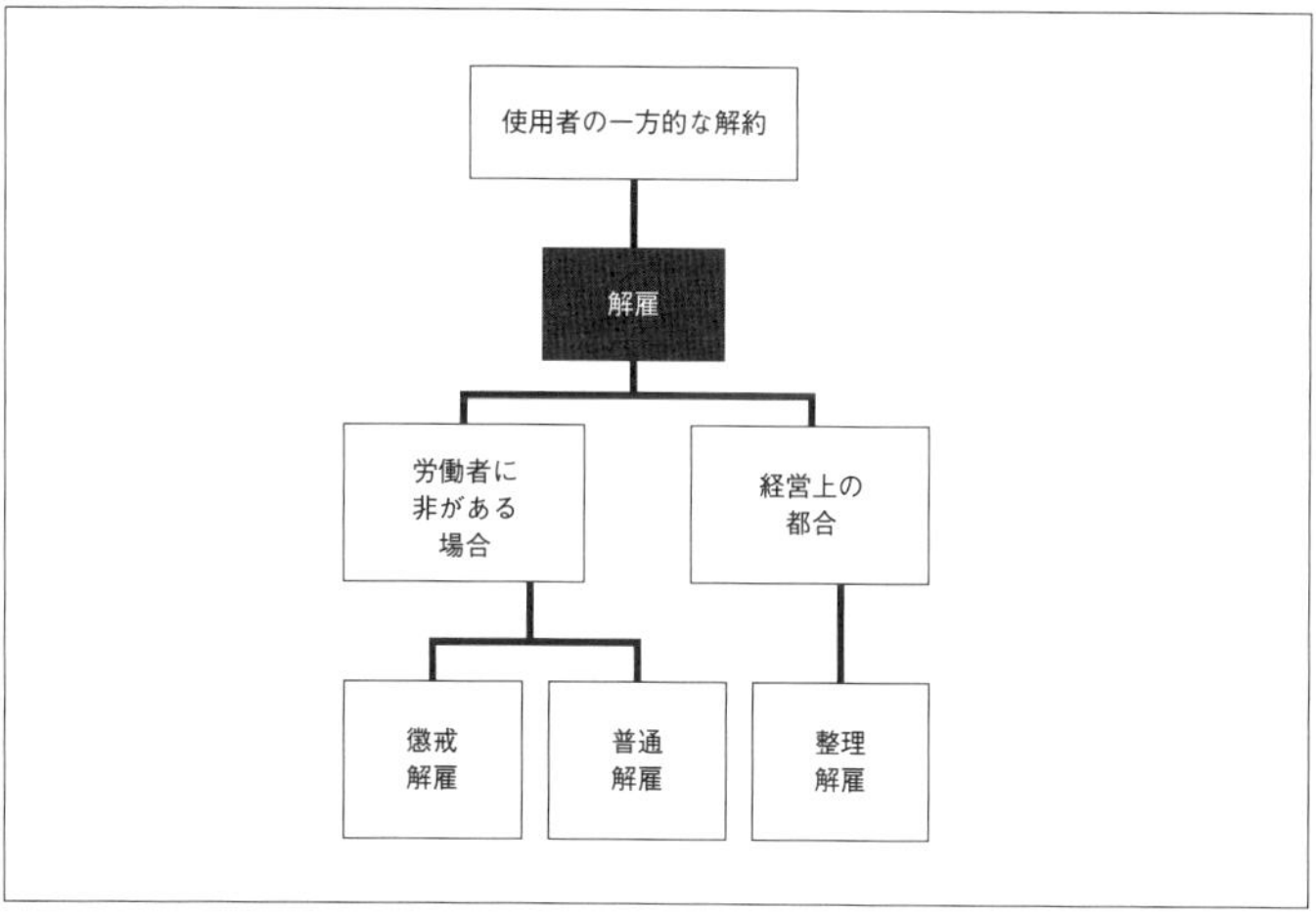

図表 15　解雇のパターン

ない」、「上司とのコミュニケーションが下手」、「勤務態度が悪い」と会社が勝手に思うだけでは、きちんとした理由にはなりません。裁判所が見てきちんとした理由でないといけないのです。「仕事ができない」というなら、教育はどの程度したのか、能力向上の見込みは本当にないのか、他の仕事もやらせてみてできなかったのか、などが問題となります。「上司とのコミュニケーションが下手」というなら、果たしてコミュニケーションが下手なのは労働者の側だったのか、向上の見込みはないのか、そもそも上司との円滑なコミュニケーションはその人の仕事の遂行にどのくらい関係することなのか、などが問題になります。「勤務態度が悪い」と言っても、無断欠勤が何度かある程度では解雇にするほどの理由とは判断されません。ましてや就業時間中に会社で仕事をしている人間にこれが当てはまることはまずありません。昔はヘビースモーカーの煙草休憩も認められていました。それを理由に解雇、というのはやはり認められないのです。「気に入らない」は話になりません。

会社の経済状況の悪化を原因とする解雇は、整理解雇と呼ばれています。いわゆるリストラです。これは労働者の落ち度がない解雇ですから、きちんとした理由とみなされるにはいっそうの条件が必要です。このことは結構誤解されていて、多くの人がリストラは普通解雇よりも簡単にできると考えていますが、法律的に言えばまったく逆なのです。

整理解雇については、具体的に以下の四つの要件を満たす必要があるとされています。

①経営上の必要性
②解雇回避努力義務
③人員選定の合理性
④説明・協議

つまり、会社が勝手に「最近、経営がおぼつかないから」と判断したり、ましてや普通解雇にするだけの理由が見当たらないから「リストラする」と言い出したりするのは、整理解雇をする「きちんとした理由」としては認められないということです。

次に、手続きについて見ていきましょう。「きちんとした理由」がある解雇であっても、「きちんとした手続き」で行うよう、労働法に定められています。具体的には、突然の解雇は避けるということと、解雇理由について労働者に説明することが求められます。

前者は、「解雇予告」と言われています。会社が労働者を解雇する場合には、30日前の解雇予告期間を設けるか、それが無理なら不足日数分の賃金を払う必要があります。どんなにきちんとした理由による解雇でも、やはり突然契約が打ち切られてしまうと、いきなり労働者が路頭に迷うことになりかねません。そこで、30日以上前に予告するか、その分の賃金を支払うように決まっています。

後者については、労働者が理由の説明を求めた場合に、会社側は解雇理由証明書を出さないといけません。労働者が納得できない場合、「きちんとした理由」にあたるかどうか判断するためには、会社がその理由を明らかにしなければ話が進まないからです。

(4) 退職の申し出は自由

次に、退職についてです。退職は労使双方が合意した場合を指しますが、大抵の場合はどちらかが言い出すわけです。特に会社から退職するよう求めることを、退職勧奨と呼びます。

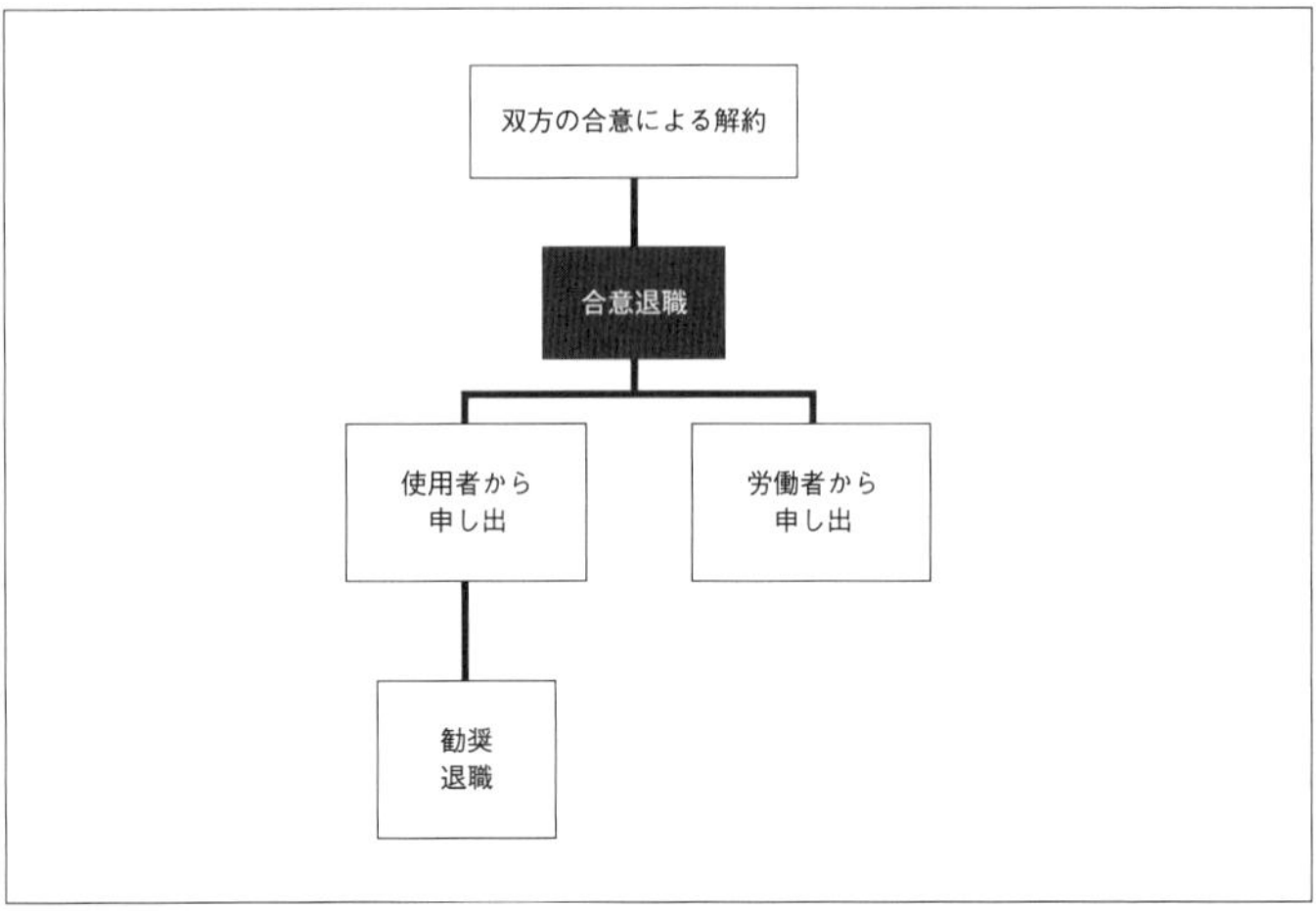

図表16　退職のパターン

この退職の申し出じたいは、自由です。契約をどうするかについては基本的に両者の合意が大事で、その合意を求めるためには申し出が必要だからです。

ところが、労働者から退職の合意を無理やり引き出そうとする場合があります。精神的に追い詰めたり、待遇を大幅に下げたり、過度なノルマを課したりして、退職を事実上強制するのです。こうした場合には「合意」や「同意」を得ようとする誠実な申し出とは言えず、退職勧奨ではなく退職強要と呼ばれます。解雇にするだけの適切な理由がないとか、188頁以降の雇用保険のところで説明するように自主退職に追い込んだ方が利益があると会社が考えた場合に、この退職強要が起きます。

退職勧奨はあくまで合意を得るための申し出

にすぎませんから、労働者が「嫌だ」と言えばそれで終わりです。断ったことで経済的・精神的に何らかの不利益を被るのであれば、それはもう退職勧奨とは呼べないものになっています。

(5) 有期雇用の場合

有期雇用の場合は、労使間で契約を交わす時点で期間についても約束しているわけですから、その約束に対して一定の拘束があります。労働者も使用者も、期間中に契約を一方的に解除することは基本的にできません。意外に感じる人もいるかもしれませんが、約束がはっきりしている分、法律的には、正社員を解雇するよりも有期雇用契約で働いている人を中途解約する方が厳しく判断されるのです。労働者の側も、期間の満了時点まで働くことを求められます。しかし、会社に問題があるようなケースでは、やはり辞めてしまってよいだろうと思います。辞職の場合と同じ考え方です。

また、中途解約とは異なり、契約時点の満了時に契約を更新しないことを「雇止め」といいます。この雇止めをすることは、法律では基本的に広く認められています。約束した期間を超えて雇う義務はないからです。しかし、何回も更新を繰り返しているとか、「必ず更新する」と事前に言われていたとかといった事情がある場合には、やはり雇止めにするだけのきちんとした理由が必要とされます。これは、形式的にではなく、約束の内実をきちんと見た場合、労働者の側には「これからも働ける」と当然考えるだけの理由があるためです。「働ける」と思っていたのに雇止めになった場合には、労働者の思い込みでない限り、十分争う余地が残されています。

7．労災保険

(1) 基本的な考え方

労災保険は、雇われている人なら誰でも利用できます。当たり前のことですが、労働者を雇う使用者はその人の健康や生命に責任を負うことになっています。ところが、万が一大きな災害で障害が残ったような場合には、治療費など全ての責任を会社が負うのには限界があります。そこで作られたのが労災保険です。学生のバイトであろうと1日限りの派遣であろうと、誰かを雇う際には必ず使用者は労災保険に加入させる義務がありますし、保険料も使用者が負担することになっています。これは、もともと労災保険が使用者の経済的負担を軽減するための保険だからだと考えれば納得がいくと思います。

（2）労災保険を利用して得られるメリット

まず、労災で休んでいる間は解雇されません。労災保険を受給しているということは仕事が原因で働けない状態になってしまっているわけですから、そのために休んでいる人を解雇することは法律で禁止されています。つまり、労災保険を利用すると、職場のストレスが原因で精神疾患になってしまった場合に失職の心配をすることなく休むことができるのです。

2つ目のメリットとして、労災保険を利用すると治療が無料で受けられる上に、休んでいる間の生活費も支給されるということです。労災保険にはいくつかのメニューがありますが、もっとも利用頻度が高いのが「療養補償給付」と「休業補償給付」でしょう。前者は、労災病院で治療を無料で受けることができる制度です（これが基本ですが、他の病院に通う場合は治療費が後で返ってきます）。後者は、病気で休んでいる間にトータルで平均賃金の8割を受け取れる制度です。休職中だけではなく、会社を辞めてしまっていても、一定の給付を受けることができます。

3つ目のメリットとして、その後の会社とのやり取りを有利に進められるということがあります。労災保険を利用したからといって損害賠償請求ができなくなるわけではありません。元気に働けていれば賃金は10割得ることができていたはずですから、賃金面だけ見ても労災保険は全てを補償しているわけではないのです。あくまで、事業主が負担しきれない可能性のある部分を国がカバーする制度です。

労災保険を利用していると、会社に対して損害賠償請求などを行う場合には有利になります。仕事が原因で病気になったと行政が認めているわけですから、病気の原因について「仕事か、自己責任か」などと水掛け論の応酬を繰り返さなくてよくなります。

（3）どんな記録が必要か

それでは、どういう場合に労災と認定されるかをおさえておきましょう。労働災害に当たるかどうかは、言い換えれば仕事を原因とする傷病なのかどうかという問題です。会社で仕事をしている最中に事故に遭ったような場合には、判断は容易でしょう。しかし、過労による心臓病やPOSSEの相談者に多い精神疾患のケースでは、原因が仕事かどうかは非常に判断の難しい問題です。

そこで、厚生労働省は、目安となる基準を設けています。医学的に断定することが難しくても、社会的に基準を作ることはできるからです。過労による脳・心臓疾患の場合、「過労死ライン」を超えるかどうかが問題になります。病気を発症する1ヵ月前の残業時間が100時間以上あるか、発症から2～6ヵ月の間の残業時間の平均をとって、どこかの期間まで遡ったときに平均して80時間以上の残業がある場合には、労働災害として認められます。これが、いわゆる過労死ラインです。

精神疾患の場合にも、最近ようやく判断基準が設けられました。これは非常に複雑な内容ですが、基本的には労働時間とストレス要因の掛け合わせによって、労災かどうかが判断されます。「心理的負荷による精神障害の認定基準」という基準を厚生労働省が公開していますので、これを使うとある程度のセルフチェックができます。「過労うつ」の条件は過労死ラインよりも厳しく、発症直前の2ヵ月間の平均残業時間が120時間以上、3ヵ月間の平均残業時間が100時間以上などと定められています。

また、労働時間の基準だけではなく、パワハラや顧客トラブルなどによるストレスの評価基準も参照することができます。仕事上のストレスの強度を3段階で評価する「心理的負荷評価表」というものがあって、たとえば「業務に関連し、重大な人身事故、重大事故を起こした」場合には原則として一番強い「Ⅲ」の評価が与えられます。そして、その事故の程度や会社のフォロー状況などによって、総合的にそのイベントがどの程度のストレスかを評価します。こういう基準です。

これを知っておくと、自然と用意すべき記録も見えてきます。労働時間に関する記録や、ストレス要因となったパワハラ・セクハラ・配置転換などについての記録を残しておくことが、労災という認定を獲得するために必要になります。

ただし、「認定基準」はかなりややこしいですし、どんな風にストレス要因を証明するかは、専門家の知見が必要です。弁護士の中でも、これに精通した人はごく一部です。ですので、特に精神疾患や心臓病などを発症したときは、専門の弁護士に相談するのが一番だということになります。そこで意見を聞くことで、その時点からでも集められる・集めておくべき証拠が何なのかも、はっきり見えてくるはずです。

8. 雇用保険

(1) 加入条件

雇用保険は、基本的にすべての働く人が加入する制度です。労災保険と同じく、労働者を被保険者にすることは雇う側の義務となっています。例外的に、週に20時間未満の労働時間の人や、31日以上の雇用見込みがない人などは雇用保険の対象とはなりませんが、仕事で生計を立てているような人は多くが雇用保険に加入する条件を満たしているはずです。

もし会社側が雇用保険に加入していない場合でも、労働者がハローワークに申し出れば、遡って加入することができます。

この保険に加入していると、失業した際に、離職理由や勤続日数・年齢などによって一定期間の手当を受け取ることができます。

（2）自己都合退職のデメリット

雇用保険についてよく知っておくべきなのは、離職理由によって給付の内容ががらりと変わるという点です（図表2（再掲）を参照してください）。一身上の都合で辞めるような「自己都合退職」の場合、非常に不利な内容になってしまいます（図表17）。特に、3ヵ月も受給開始日が遅れてしまうというのが最も大きな差で、それを待っている余裕がない、と受け取りをあきらめる人も少なくありません。

雇用保険上の離職理由は、かなり細かく分かれています。重要なのは、自分から辞めたいと言い出したようなケースでも、会社に違法状態があったり、辞めるだけのやむをえない事情があったりすると、不利益を被る「自己都合退職」には分類されないということです。

（3）離職区分を変える方法

ここでやっかいなのは、労働者の死活問題であるはずの離職理由をハローワークに報告するのが、労働者ではなく会社だということです。会社が発行する「離職票」にその離職理由が書かれます。

辞表を書くように強いられるという相談がPOSSEにはよく寄せられますが、これに応じ

■会社に原因がある場合（「特定受給資格者」と呼ばれます）

- 解雇により離職した場合（労働者の重責による解雇や懲戒解雇の場合を除く）
- 労働契約の締結に際し明示された労働条件が事実と著しく相違したために離職した場合
- 賃金（退職手当を除く）の額の３分の１を超える額が支払期日までに支払われなかった月が引き続き２ヵ月以上となったこと等により離職した場合
- 賃金が85%未満に低下した（することとなった）ために離職した場合
- 離職の直前３ヵ月間に連続して月45時間を超える時間外労働が行われたために離職した場合
- 上司や同僚から排斥・冷遇・嫌がらせを受けたことによって離職した場合
- 退職勧奨により離職した場合
- 業務が法令に違反したために離職した場合　など

■やむをえない事情がある場合（「特定理由離職者」と呼ばれます）

- 体力の不足、心身の障害、疾病、負傷などにより離職する場合
- 妊娠、出産、育児等により離職した場合
- 親の死亡、疾病、負傷などのために親を扶養するために離職を余儀なくされた場合
- 配偶者や扶養すべき親族と別居生活を続けることが困難となったことにより離職した場合
- 結婚に伴う住所の変更や、育児に伴う保育所の利用・親族への保育の依頼などによって通勤が困難となったために離職した場合　など

図表２　自主的な退職でも「正当な理由」として認められる可能性がある場合（再掲）
出典:厚生労働省「特定受給資格者および特定理由離職者の範囲と判断基準」（2009年法改正対応）
http://www.mhlw.go.jp/bunya/koyou/koyouhoken05/pdf/03.pdf

正当な退職理由の無い場合	項目	正当な退職理由がある場合・解雇や退職勧奨で辞めた場合
離職の日以前2年間に、被保険者期間が12ヵ月以上	受給要件	離職の日以前1年間に、被保険者期間が6ヵ月以上
なし	受給制限期間	3ヵ月
下図(a)のとおり	給付日数	下図(b)のとおり

<table>
<tr><th></th><th>被保険者期間（勤めていた期間）</th><th>1年未満</th><th>1年以上5年未満</th><th>5年以上10年未満</th><th>10年以上20年未満</th><th>20年以上</th></tr>
<tr><td>(a)</td><td>全年齢</td><td>—</td><td colspan="2">90日</td><td>120日</td><td>150日</td></tr>
<tr><td rowspan="5">(b)</td><td>30歳未満</td><td rowspan="5">90日</td><td rowspan="3">90日</td><td>120日</td><td>180日</td><td>240日</td></tr>
<tr><td>30歳以上35歳未満</td><td rowspan="2">180日</td><td>210日</td><td>240日</td></tr>
<tr><td>35歳以上45歳未満</td><td>240日</td><td>270日</td></tr>
<tr><td>45歳以上60歳未満</td><td>180日</td><td>240日</td><td>270日</td><td>330日</td></tr>
<tr><td>60歳以上65歳未満</td><td>150日</td><td>180日</td><td>210日</td><td>240日</td></tr>
</table>

図表17　自己都合退職と会社都合退職の比較表

てしまうと、雇用保険の受け取りは非常に不利になります。一方で会社は、自己都合退職以外の退職者を出してしまうとトライアル雇用などの助成金に応募できなくなってしまうので、労働者が文句を言わないのをいいことに、離職票に「自己都合」と記載して報告してしまうのです。

実際、POSSEのハローワーク前調査では、自己都合退職になったと回答した人の9割近くが、本当は自己都合退職ではない疑いのある人たちでした。そのくらい、この「離職票」の中身は会社が自由に書き換えられるものになっているのです。

これを変えるには、会社側から辞めるように要請があったとか、会社側に違法状態があったとか、介護や育児、自身の体調不良など、辞めるだけのやむをえない事情があったとか、本当の理由を証明する必要があります。ハローワークに離職理由を報告する際には、会社から受け取った「離職票」を提出しますが、この離職票には異議があることをチェックする欄があるので、そこにチェックを入れて、自分の言い分が正しい事を示す証拠を提出してやればよいのです。やむをえない事情があって辞める場合には、まずこれで落ち着くはずです。

ただ、会社の違法状態を理由とする退職の場合には、ハローワークの職員にそれを判断するだけの知識を持っている人は多くいませんし、会社を調査する権限などもありません。会社に「確認」だけして会社の言い分を通してしまうという実態もよくあるようです。ですので、こういう場合には、会社を辞める前に違法行為を問題化して、未払いの賃金を受け取るとか、パワハラについて謝罪させるとか、そういった確認書を会社からとってから辞めるのが無難だということになります。

9．生活保護

（1）唯一の必ず使える制度

生活保護は、他に頼るべき制度がないときに登場する「最後の砦」です。日本の社会保障制度は貧弱なので、「ブラック企業」に遭遇してしまった人が頼れる制度は実は少なく、その場合は生活保護を利用せざるをえません。POSSEにくる相談者の事例をみても、生活保護が唯一の使える制度だ、という場合は少なくないのです。

(2) 何がもらえるのか、どんな人が利用できるのか

生活保護制度には、全部で8種類の扶助があります。生活扶助・住宅扶助・教育扶助・医療扶助・介護扶助・出産扶助・生業扶助・葬祭扶助です。

このうち、生活保護世帯が必ず受け取るのが、生活扶助費です。生活扶助費の額は、世帯人数や居住地域、収入などによって変わります。たとえば、東京23区内に在住する20代の1人世帯の場合、最低生活費は84320円になります。(2012年度)。この最低生活費に足りない部分が、生活扶助費として支給されます。月の収入が70000円なら生活扶助費は14320円、無収入なら84320円です。この制度を使うことで、最低限の収入は国によって保障されることになります。

しかし、生存に必要なものは、その人の置かれた状況によって異なります。そこで、生活扶助費以外にも、生活をカバーする7つの扶助が用意されています。他にも、生活保護を受け取っている間は日本学生支援機構(旧日本育英会)の奨学金返済が猶予されるなど、生活を支

える仕組みが整えられています。

生活保護を受けるには、「補足性の原理」という考え方を知っておく必要があります。これは、自分の資産や生活保護以外の社会保障制度を活用してもまだ最低生活が維持できない場合に、それらを補足するものとして生活保護があるのだという考え方です。ですから、生活保護を受けるに当たっては、収入だけではなくて、自分の資産をチェックする必要があります。たとえば、預貯金の額がたくさんないか、不動産などの売却可能な資産を保有していないか、高額な生命保険に加入していないか、といったことです。

生命保険に入り続けながら保護を受け取ることができない。生まれ育った愛着のある家でも、売り飛ばさなければならない。預貯金は使い切らなければならない。そういう意味で、生活保護は、一時的に使おうとする人にとっては冷たい制度だと言えます。また、生活保護は世帯単位で受け取ることになっているので、親と同居している人が自分だけ保護を受けることはできません。世帯分離をして個人で受給するか、いっそ世帯全体で受給するかの選択を迫られることになります。

こうして見ていくと、生活保護制度は決して気軽に利用できるような設計にはなっていません。が、他に打つ手がない場合には、これを利用するべきだと思います。

生活保護の利用を検討する際には、ＰＯＳＳＥやＮＰＯ法人「もやい」などの支援団体に事前に相談しておくことをおすすめします。特に若くて障害のない人に対しては、虚偽の説明をして追い返す役所も少なくないからです。生活保護の申請手続きについて、役所は誰も拒むことができません。でも、法律を無視した運用をしている窓口は、残念ながらたくさんあるのです。ただ、法律を知っている人が付き添えばすぐに申請できますので、そういうNPOや弁護士の相談窓口を積極的に活用してもらいたいと思います。次にそういう対応をされないように、役所の対応を録音しておくのも有効な手です。

(3)「ブラック企業」に加担するな!

やや挑発的な物言いになりますが、たとえば「ブラック企業」で働いて体を壊したり、詐欺まがいの営業を続けたりするくらいなら、仕事を辞めて生活保護を受けた方がいいと思います。もちろん、そういう場合に期待される理想的な行為は、「ブラック企業」の雇用状況を自ら改善させて、継続的に働けるような環境を整備することだとは思いますが、その選択肢が現実的でないなら、辞めるというのも有意義な選択の1つです。そこで体を壊して働けない状況になって、治療を受けないといけない事態に陥るよりは、一時的に生活保護を受給してでもまともな会社に移った方がよいかもしれません。「生活保護を受けたくないけど他に仕事がないから」といって詐欺まがいの営業に加担し続けることは、ある種のわがままだと言ってよいでしょう。

労使の力関係から言っても、労働者の側に逃げ場がない限り、「ブラック企業」が淘汰されることはありません。そのための「逃げ場」を増やしていくことはもちろん大切ですが、いまある唯一の逃げ場である生活保護を積極的に活用することも、「ブラック企業」根絶のために一役買うことになりうるのです。

いまの状況で若くして生活保護を受けることは、人によっては会社と争う以上に勇気のいることかもしれません。しかし、そういう状況を支える支援団体もあるということを、ぜひ頭に入れておいてください。

終　章

20年後の社会に向けて今からできること

最後の章では、こうした「働いてはいけない企業」があちこちにある状況を変えていくために、私たちにいま何ができるのかについて考えてみましょう。

個人の場当たり的な対応には限界がある

「ブラック企業」だらけの社会を変えていくためにどんなことが有効なのか。これは明日使える、今すぐ役に立つといったような対処術ではありませんが、これから10年後、20年後、私たちの世代が若くなってしまうときを見据えるなら、考えておかなければならないテーマです。

自分はどんな仕事がしたいのか。どんなライフスタイルを送りたいのか。就活を控えてキャリアプランを考える際、多くの人は2、3年ではなくもっと長いスパンで自分の人生について考えているはずです。

そうした人生設計が職場の違法状態によってめちゃくちゃになりそうなとき、ここまで紹介してきた戦略的な行動は多少なりとも役に立つかもしれません。しかし、今20代の私たちが40代になったときに、入った会社が「ブラック企業」だったら、そこで精神疾患になってしまったら、どうしたらよいでしょうか。たとえば「辞める」という選択は、若い人に比べていっそう現実的でないものに感じられるでしょう。実際、中年の人の相談は、若い人よりももっとアドバイスが困難なのです。

ここに、個人の行動の限界があります。労働法の知識や戦略的な行動を身につけて選択肢を増やしたとしても、その選択肢は年齢の枠によって狭められるときがきてしまうのです。

では、どうすればいいのか。いかにサバイバル術を身につけても、ゲームの構造上どこかで〝詰んで〟しまうのであれば、ゲームのルールや仕組みそのものを変えてしまうしかありません。つまり、私たち個人の振る舞いだけではなく、社会を変えていかなければならないのです。具体的に言えば、これまで存在することを前提にしてきた「ブラック企業」が淘汰されていくような変化を起こしていくしかありません。

このための猶予期間は、ざっと見て15～20年程度だと思います。いま就活を控えている人も、そのくらいのときが経てば立派に40代です。20年後の自分たちが「ブラック企業」に苦しめられないためには、いま何をすればいいのか。これが最後の章で考えたいテーマです。

劣悪な企業から逃げられる仕組みづくり

「何をすればいいか」を考える前に、どんな変化を起こせば「ブラック企業」が無くなっていくのかを考えてみましょう。

まず、正社員にならないとそれだけで制度上不利になり、生きにくくなってしまうこの社会のあり方を変えていく必要があります。そうしないと、「ブラック企業」が眼の前に餌としてぶら下げる「正社員」に食いつかなければならないからです。

最後の逃げ場としての生活保護制度を、より使いやすいものにしていくことも1つの手ですし、生活保護に至る前の段階で労働者の生活を支える仕組みを用意しておくことも重要です。いまは生活保護以外の支援制度が、あまりに脆弱なのです。様々な側面で、社会保障制度を充実させていくことが大切です。

就活市場や労働市場で職を見つけることは、どこまでいっても不確実な行為です。市場の中で自分を売り込まなければ、生活していくことはできない。この圧力が強ければ強いほど、雇う側に対する労働者の立場は弱くなります。「たまたま」雇われている正社員も、職を失うかもしれないというリスクがある以上、この関係性から自由なわけではありません。社会保障を充実させることには、多くの人の生活が賃金に依存している度合を下げ、市場からの圧力を弱める意味があるのです。学問の世界ではこれを「脱商品化」と言います。脱商品化を進めること、これが1つ目の大きな方向性です。

非正規では生きていくことが難しい社会

脱商品化を進めるためには、正社員でない非正規雇用の人びとにも目を向けておく必要があります。これを考えておくことで、脱商品化のイメージも持ちやすくなるのではないかと思います。

「ブラック企業」は正社員の領域で起きている問題だと述べましたが、この問題は非正規のあり方についても考えなければ解決することはできません。

「正社員＝安定」という図式はすでに崩れつつあります。だから、なんでもいいから正社員になりなさいというような意見には十分注意を払うべきです。しかし、この意見にも一面正しいところがあります。それは、「非正規になってしまうと不安定になる」という現実をよく反映しているということです。

正社員になったからといって安定するとは保証できないけれど、正社員を目指さなければ不安定になってしまう。これが、「働いてはいけない企業」になぜ人が送り込まれ続けるのかを理解する鍵になります。「就活」のシステムを駆動させる力も、そこから生まれていると言っても過言ではありません。

非正規で働いて生計を立てた経験のある人にいちいち説明する必要はないでしょうが、要するに、一部の地主や資産家はともかく、それ以外の人は正社員になる以外の方法で生きていくのが非常に困難な社会なのです。失業者や非正規労働者の生きていく道が保障されていない社会だとも言えます。

非正規の人たちは、病気や妊娠といった理由でさえ、簡単に職を失います。たまたま長く働き続けることができても、賃金は正社員よりも低く、フルタイムで働いても生活に必要なお金が手に入りません。結婚し、子どもを産み、育てて……といった将来を展望できなくとも不思議ではありません。また、企業の退職金や年金にも期待できないため、老後の生活をどうするのかという不安も残ります。

また、こうした立場の弱さから、会社と交渉する回路が正社員以上に狭い面があります。突然シフトを変更されたり、保険に入れてくれなかったりといったケースでも、会社との雇用関係を継続するためには我慢しなければなりません。

さらに非正規の人たちは、会社の中だけではなく、社会の制度の面でみてもつらい状況に置かれています。そもそも、日本の社会保障のあり方は、一家の父が稼いで妻子を養い、母が家事や育児を一人で引き受け、パート収入で家計も支えるという家族モデルと密接に関わっています。要するに、家族を養えるくらいの給料をもらっている安定した正社員と、その正社員に養ってもらっている家族を前提に制度設計されてきたのです。だから「普通の人には必要ない」と考えられた雇用保険は金額も少なければ受給期間も非常に短いですし、「家計の補助的な収入のために働いている」と考えられた非正規労働者にあわせて、最低賃金の額は低くおさえられているのです。非正規同士のカップルの収入で子どもを育てるのは、不可能とはいえないまでも、とても大変です。

正社員化よりも、非正規のまま生きていける社会にすることが大事

これまで、非正規問題の解決策は、「正社員化」が常に念頭に置かれてきました。しかし、「正社員＝安定」という図式が崩れつつある現在、この方向性はもはや有効なものとは言えなくなっています。一部の非正規の人たちは、すでに、社員登用という餌をぶらさげられてそれに向けて過酷な労働に耐えています。「ブラック企業」の正社員と同じです。非正規のまま安心して働いていける道が確保されていない状況では、自分から過酷な正社員化の道を進むしかありません。

「ブラック企業」の正社員は、不安定な正社員でした。彼らは、正社員としての義務を要請されるのに、安定した雇用や年功賃金などの正社員としての恩恵にはあずかることができないという点で、「義務だけ正社員」と呼ばれています。一方で一部の非正規の人たちは、同じように、正社員としての恩恵も、肩書さえもっていないのに、義務だけは「社員候補」として正社員並みに求められる「義務だけ正社員」になっています。

こうした非正規の人たちが不安定で過酷な正社員化競争に巻き込まれている中では、正社員化を目指さずとも生きていける道筋を議論していくことが重要なのです。もちろん、いつ契約が打ち切られるかもわからないような、先の見通しの立たない今の非正規のままでいいということではありません。会社に気に入られなくても安心して生きていけるだけの条件を整えましょう、という話です。

その際、具体的に必要になるのは、非正規雇用であっても家族と一緒に生きていけるような賃金と社会保障の設計です。これまでのように男性正社員が家計を支えていることを前提にしたような最低賃金や社会保障では、一部の世帯しか安定的な生活を送ることができません。

ここで大事なのは、賃金だけではなく、前述したように社会保障の充実にも目を向けておくことです。「正社員化」の議論では一定の給料や福利厚生が得られることは自明のこととされてきました。でも、こういう解決の仕方は、「脱商品化」の観点からすれば、根本的な解決にはつながりません。なぜなら、生活のすべてを賃金に頼るような状況が続くかぎり、会社に対して常に自分を労働力として売り込まなければいけない圧力を強めてしまうからです。その圧力を弱めるためにも、社会保障制度は重要なのです。

具体的に必要な方策

しかし、いったん非正規になった人が確実に頼れる社会保障制度は、いまのところ生活保護しかありません。生活保護のほかに、どのような形で避難路を準備することができるでしょうか。制度的な問題として考えてみましょう。

まず、医療費や教育費などの負担を緩和することで結果として生存に必要なお金の量を減らしていく道があります。生活の様々な局面で個人が負担しなければならない費用、言い方を変えれば賃金収入に依存する部分を減らしていくことこそ、会社にしがみつかなければならない状況を改善する王道です。

また、失職してしまった場合のセーフティネットの整備も重要です。雇用保険の収入で暮らしていくことができれば、さらに雇用保険の支給期間そのものも長くすることができれば、正社員に増して生活が不安定な非正規の人も、会社にしがみつくことなく別の会社を選択することができます。

その他にも、公的な職業訓練や企業横断的な職務評価の仕組みを導入することで、職を移ることのリスクや不利益を抑えようとする政策が考えられます。会社だけではなく公的な機関を通じて職業能力を高め、非正規の職歴や経験も含めて個々人の能力を評価する仕組みです。企業の人材評価に関しても現在は特に規制がありません。そのために、会社に忠誠心を持っている人を高く評価することが可能となっています。

そうした現状では、企業を横断する合理的な職務評価の仕組みはなかなかイメージしにくいかもしれません。ただ、こうした仕組みを採用している方が「グローバルスタンダード」であることも、知っておいて損はないと思います。

それから、非正規雇用の不安定な性質を弱めるために、有期雇用で雇う場合のルールを設けることも政策課題となっています。会社の都合だけで考えれば自由に有期雇用契約を交わせた方がいい場合が多いのでしょうが、技術の継承や社会全体の安定性といった観点から考えるなら、個々の会社の都合にばかりあわせるわけにはいきません。それこそ、「ブラック企業」は個々の会社の都合で労働者を使い潰すことで問題になっているわけですから、バランスが大切です。

社会政策としてこうした手を打っておくことで、正社員になれなかった人であっても生活に一定の展望を持つ可能性が見えてきます。

過労に駆り立てられる競争から自分たちを守る

脱商品化をめざす方策は、あらゆる立場にある人たちを、正社員になるため、あるいは正社員であり続けるための競争から守る意義があります。

非正規労働者や失業者の生活を支えることは、正社員にとって、「困っている人たちを救おう」という話にとどまりません。よく貧困問題などについての啓発活動の場で、「生活に困っている人の苦境を想像してみよう」とか、「あなただって、いつ今の仕事を失うかもしれない。そのときのために貧困問題を解決することが大切だ」というメッセージを耳にします。これは実にまっとうな意見だと思いますが、更に付け加えて言いたいことがあります。

貧困問題の放置は、どこかの誰かにでもなく、何かあったときのあなたにでもなく、いま現在のあなたの働き方に影響するということです。学生時代の自由なはずの時間を低賃金のアルバイトと「就活」に消費し、過酷な労働に耐え、自分の人格を否定するような上司の発言を受け入れる日々と、この競争からドロップアウトできない構造は密接に関わっています。だから、あなたが正社員だったり内定を得たりしているまさにそのときの自分の働き方を守るためにこそ、非正規労働者や失職者の生活の劣悪さに目を向けておく必要があるのです。ここまでに挙げた具体的な政策の例は、非正規の人たちの救済のためではありません。「ブラック企業」に入るために、あるいはそこで働き続けるために競争しなければならない構造から自分たちの身を守るために必要な政策なのです。そこに正規・非正規の区別はありません。過酷な働き方に付き合わなくても済む選択肢を具体的に社会の中に埋め込んでいくことが、何よりも大切なのです。

誰にでも共通するルール

もう1つの方向性は、仕事に関する普遍的なルールを作っていくことです。「ルール」というのは国が定める法律や制度であってもいいですし、労使間での約束や慣行のような形もありえます。

仮に社会保障制度を充実させても、必ず雇われて働く人たちが一定数存在します。その人たちが安定して働けるような仕組みを作っておいた方が、働く個人にとっても社会にとっても合理的です。1つ目に挙げた「脱商品化」の方向性が雇用の状況によって生活が不安定にならない仕組みづくりだとすれば、ここで挙げているのは、雇用そのものが不安定にならない仕組みづくりです。こういう風に整理すると、このあとの議論がわかりやすくなるかもしれません。

たとえば、どんなに不合理な理由であっても使用者の都合でいつでもクビをきっていいという社会では安心して働くことはできませんし、いつでも好きなときに好きなだけ残業させてよいということであれば、ワークライフバランスなど実現不可能でしょう。人事部の容姿の好みで採用されたり、セクハラを受けても我慢する人が出世するような評価が行われたりすれば、仕事に対する努力は意味を持たなくなります。これらの勝手が許されるのでは、働く側は計算が立たないのです。

いまここで例に挙げたことは、いまの日本ではまったく珍しくありません。企業の勝手を許さないためのルール作りは、これまであまり取り組まれてこなかったためです。自分の働き方を知るための雇用契約書ですら、つい最近までは交わさなくても法律違反になりませんでした。「ブラック企業」を克服するためには、そんなことをする会社にしがみつかなくてもいいようにするだけではなく、そんなことを会社にさせないようにすることも大切です。

こうした共通のルール作りも、「脱商品化」の方向性と同じように、競争から労働者を守る意義があります。よくこういう話をすると「競争を否定するとは何事だ！」と年輩の方から怒り気味に意見をもらいます。個々人の努力は一概に悪いものだなどと言えませんし、切磋琢磨が互いに良い結果をもたらすことも少なくありません。しかし、それが「どちらがより家庭を犠牲にして働いたか」とか、「命懸けで働いているか」とかいうあまりに過酷な競争であったり、「どれだけ会社に従順か」を競ったり「どんな詐欺的な手法を使ってもいい」という条件で売り上げを競ったりというおかしな競争であっては、良い結果を生み出しません。共通のルールを作るということは、そういう「何でもありの競争」をやめるということです。

まずは労働時間規制から

そんな状況で、大きな成果を挙げている取り組みがあります。それが、「全国過労死を考える家族の会」に所属する遺族が中心となって取り組んでいる、「過労死防止基本法」の制定を求める運動です。これは、地道に46万人を超える署名を集め（2013年9月時点）、マスコミの関心を呼び、ついに国会議員を超党派で巻き込む段階にまで至りました。もしかすると今度の国会で法律が通るかもしれない、という状況までこぎつけています。

過労死防止基本法ができれば、労働時間の上限を規制する仕組み作りを議論することが現実味を帯びてきます。これは、労働時間の上限がない（第9章で解説したように「36協定」を結べば、実質上限なしで働かせられる）という稀有な法体系からようやく脱却できるかもしれないという国際的な意味もありますし、何より働き方のルールを定める象徴的な第一歩になります。

具体的に労働時間を規制する方法には、大きく分けて2つあります。1つは、労働時間の上限を定めること。1日何時間以上は働いてはいけないとか、1週間でみたらここまでとか、そういった規制を設ける方法です。もう1つは休息時間を定める方法で、1回の勤務が終了してから次の勤務を始めるまでのインターバルを決めます。最低何時間は休みに当てる、ということを決めることによって、労働時間を規制することができます。

こうした規制を設けることで、何でもありの競争に歯止めをかけることができるのです。

当事者として参加すること

大きく2つの方向性を挙げましたが、いずれの方向性を実現するにしても、当事者の参加が不可欠です。過労死問題がこれだけ大きな問題として認知されるようになったのも、遺族の方々が大きな壁にはね返されながら、同様の事件が繰り返されないためにとそれでも声をあげ続けてきたからでした。

そして、この本を手に取っている読者の方は、ほとんどの方がこの問題の当事者です。「ブラック企業」に入っていたり、入るかもしれなかったり、友人や恋人が入っていたりと、何らかの形で、「ブラック企業」問題と関わりを持っているはずです。もし「ブラック企業なんて自分とは関係ない」と考えていたとしても、どこかで働いて生計を立てようとする限り、状況が「ブラック企業」問題から自由になることを許しません。その理由だけで、大多数の人が必然的に当事者なのです。

労働者が当事者としてこの問題に参加することは、それだけで重要な意味を持ちます。たとえばマスコミや国会でこうした問題を議論していく際にも、証言する当事者が何人かいるのといないのとでは、まったく受け止められ方が違います。POSSEのような支援者団体も、所詮は「外野」にすぎないのです。それでもPOSSEのコメントがメディアに取り上げられるのは、支援を通じて当事者とつながっているからです。

同じように、よく労働基準監督署などの役所に「ブラック企業」の厳しい取締りを期待する声がありますが、これも不十分なものでしかありえません。第8章でも紹介したように、そもそも労働基準監督署の役割には限界がありますし、現場で働く労働者以上に職場の実態を把握できる人はいないからです。

もちろん、優秀で理解のある研究者が、労働者のつらい状況を説得力のある形で取り上げてくれることはあります。しかし、それだけではやはり不十分です。労働問題に限らずどんな社会問題でもそうだと思いますが、「当事者はどう思っているのか」は社会を動かす決定的に重要な鍵なのです。

集団として関わること

社会を変えるという大きくて中期的な課題を達成するために、個々人のレベルで今日からでもできることは何なのか。もう1つのポイントは、集団として関わることです。

個人の声や要望が取り上げられることは、滅多にありません。でも、たとえば「ブラック企業」の被害者が集まっていれば、彼らの声は注目されます。個人の問題を社会に結びつけるためには、その人は裁判を闘ったり大きな負担を背負わなければいけません。しかし、当事者たちが集まり、その集団が広がっていくことで、当事者として参加する際のハードルは低くなります。

先ほど紹介した「全国過労死を考える家族の会」は、まさに当事者集団の運動であったがゆえに、とても大きな力を持ちました。解決しなかったり、様々な事情で会社と争うことをあきらめざるをえなかった事案も含めて、あれもこれも集まっているということが、非常に大きな説得力を持つのです。

「ブラック企業」の事件も、当事者がたくさん集まることで大きな力を持つようになります。でも、一人で社会を変えることはできませんし、1つの事件が社会を変えることもありません。でも、いろいろな事件が集まっていれば、そこにもう1つの事件が加わることはとても大きな意味を持つのです。それが1つの事件としてはどんなに取るに足らないものに思えたとしても、です。もっと言えば、仮に自分が「ブラック企業」でのトラブルを抱えていないとしても、要望さえあれば、こういう場に参加することは社会的な意義をもちます。そこでの要望は、当事者の声になるからです。働き方のルールを求めたり、社会保障制度を要求したりするためには、こういった集まりが広がっていくことが必要不可欠です。

2013年9月、「ブラック企業」によって若者が使いつぶされることのない社会を目指す各分野の専門家によるネットワーク「ブラック企業対策プロジェクト」(http://bktp.org)が結成されました。

労働問題に取り組んできた弁護士、労働組合、私たちPOSSEはもちろん、貧困問題や自殺問題にかかわってきた団体や、キャリア教育の研究者や担当者、企業と一緒に仕事をすることもある社労士や人材コンサルタントなど、それぞれの立場や領域を超えて集まったネットワークです。多様な主体が現場での問題意識を持ち寄って「ブラック企業」問題の解決に向けたキャンペーン活動を行い、業界全体、ひいては社会全体で「ブラック企業」が無くなることを目指しています。

基本的には各領域の専門家や現場で活動する人々のネットワークとしてプロジェクトは立ち上がっていますが、参加の仕方はさまざまです。たとえば、すでに紹介した「ブラック企業の見分け方」に関するガイドブックのデザインは、実は学生のボランティアが手がけたものです。

これまで、労働問題を解決する取り組みというと、自分が裁判の原告のような象徴的な「当事者」となる参加のイメージが強かったのではないかと思います。1人1人が立ち上がって、声を上げる。そうした個人の闘いが積み重なることを通じて社会全体が変わる、というイメージです。

もちろん、そうした取り組みも大切なのですが、当事者としての関わり方は、本当はもっと広く捉えてもよいのではないか、と思います。社会を変えるようなキャンペーンに参加して、そこで力を発揮するのであれば、自分が矢面に立つわけでなくても、充分に20年後の社会を変えるための一歩を踏み出していることになると思うのです。1人で、1つの事件で社会を変えることは難しいですが、集団的な取り組みに新たに1人が加わることは、特に集団の規模の小さい日本では大きな力になります。

自分が勤務先の会社と闘わなくても、社会を変える取り組みに参加することはできる。ここで強調しておきたいのは、この点です。

労働組合のポテンシャル

実は、当事者性と集団性という2つの要素を兼ね備え、しかも社会保障制度を要求したり働き方のルールを作ったりすることにうってつけのものがあります。労働組合です。

労働組合は、団体交渉ができるとかストライキができるとかいう法律上の権利の強さも持ち合わせていますが、もっと本質的な点で、「ブラック企業」の無い社会を実現する重要なアクターです。

世界の歴史を見れば、労働者は、労働条件や働き方をめぐる労働者同士の競争を規制することで、人間を使い捨てにするような雇い方に歯止めをかけてきました。その役割を果たしたのが、労働組合でした。海外における労働者個人の職場での発言権は、個人の権利意識もさることながら、こうした労働組合の力強さによって担保されています。

しかし、日本では、こうした労働組合の役割はほとんど潜在的な可能性としてしか語ることができません。

これまで、労働組合の多くは、企業の中に閉じこもっていたり、正社員である自分たちの問題だけに取り組んでいたりで、社会的な広がりを持ってきませんでした。強く保障されている団体交渉やストライキの権利すら、十分に活かされていません。ましてや、脱商品化を志向する政策を要求したり、業界に共通する働き方／働かせ方のルールを作ったりという実践例は、ほとんどありません。こうした問題を労働組合自身が放置してきたことが、「不当な会社の要求にどれほど従うか」をめぐって競争しなければならない現状の大きな要因となっています。

そんな状況で一人の労働者が個人としてできることなど、せいぜい法律や制度を活用して被害を最小限に食い止めることぐらいしかありません。そして、そのための戦略や技術をどんなに磨いたところで、自分ひとりの働き方に関心を限定している限り、やはりどこかに「隙」が残ってしまいます。違法な会社に向き合う労働者を低く評価することが許されるような社会では、なおのことです。

しかし、集団としてならば、被害を生み出す仕組みを変えることまで視野に入れることができます。みんなの働き方にルールを作ることで、自分の働き方をようやくまともなものにする道が見えてきます。労働組合ではない過労死遺族のネットワークがその役割を担って実際に成果をあげていること（そして、彼女たちが担わざるを得なかったこと）は、これからの日本の課題を改めて私たちに示すものだと言えるでしょう。

「ブラック企業」問題の認知が広がるとともに、良くも悪くも多くの人たちが「まともな働き方」に関心を持つようになり、新たな取り組みも始まっています。その流れに乗って、労働組合のポテンシャルが存分に発揮される時代が訪れるかもしれません。

この先、雇用情勢がどのようになるかはわかりません。しかし、少なくとも、終章で紹介したようなネットワークに多くの個人が参加することは、会社でNOと言えない若者が本当の意味で「ブラック企業」に負けずに働くための欠かせない条件であること。これだけは、はっきりしています。

巻末鼎談

〝困ってる若者〟がブラック企業に負けず〝幸福〟になる方法

大野更紗×古市憲寿×川村遼平

若者のための相談窓口「POSSE」

――今回鼎談していただくきっかけになったのは、2012年4月にNHKで放送された「職場を襲う〝新型うつ〟*」という番組をめぐるお三方のツイッター上でのやりとりでした。

古市 あの番組に関しては「新型うつ」を議論のきっかけにして、現代の「働き方」の問題を考えてみたいという意図があったんだと思います。「うつ病が特殊な病気」と決めつけてしまう前に、そうした症状の人の増加を労働環境の変化や、社会全体の変化として捉えよう、と。番組内の再現ドラマだけではちょっとわかりにくかったかもしれませんが、「新型うつ」という特殊な個人がいるわけではなくて、社会の変化の中で「新型うつ」が生まれてきているとい

＊ http://www.nhk.or.jp/special/detail/2012/0429/

う話をしたかったのだと聞いています。

大野　働きにくい環境というか、「働いていると苦しい」という状況に多くの人が置かれているということですか。

古市　「新型うつ病」は一部の人の問題かもしれない。でも結局その裏側には「新型うつ」状態の一歩手前の人や、会社に行くことはできるけれど、ちょっと気分は不安定とか、なんらかのストレスを抱えている人がいるわけですよね。「新型うつ」を特殊な現象ではなく、社会の氷山の一角として考える。そういう「働きにくさ」みたいなものが広がっているという認識で番組は作られたようですね。

大野　それほどまでに苦しい「ニッポンの会社」というのは、どのような組織なんでしょうか？

古市　たとえば厚生労働省が実施している労働者健康状況調査によると、働く上で強い不安やストレスを感じていると回答している人が6割くらいいます。高齢者における健康の問題と同じくらい、会社や仕事への愚痴というのは働く人にとっての共通の話題ですよね。程度の差こそあれ、多くの人が「働きにくさ」と言われて思うところがあるのではないでしょうか。

川村くんは、普段から働く人の労働相談にのっていますよね。そうした現場の実感を交えて今の日本が抱えている「働きにくさ」について教えてもらえますか。日本の労働環境や、職場

における うつ病の問題をどう捉えていますか？

川村　「職場におけるうつ病」に関する統計はなかなかないので、トータルに話すのは難しいですが、東京都の産業労働局がメンタルヘルス系の相談について集計しています*。

古市　よく聞く言葉ですが、この統計における「メンタルヘルス」というのは何なのですか？

川村　ここに書いていることと同じですが、「本人自らが心の問題を抱えている場合」「使用者との調整の中で心の問題が浮かび上がってくる場合」について、メンタルヘルスとカウントしています。なので、あくまで参考の数字です。

古市　自己申告ということは、本人が言わなければ、それはカウントしていないということですか？

川村　「使用者との調整の中で」とあるのは、使用者と話していて、「あの人ちょっともしかしたら」という話が出てきたらということだと思います。これによると、メンタルヘルスに関連して、労働問題となるケースには大きく分けて2つの種類があります。

1つは、「会社が従業員の自主的な退職を迫るあまり、それが「いじめ」に繋がり、精神的に追いつめられて発症する場合」。もう1つは、「職場の人員削減が進み、特定の従業員に多く

＊ http://www.sangyo-rodo.metro.tokyo.jp/monthly/koyou/soudan_22/pdf/23_3_6.pdf

の仕事と責任が積み重ねられ、その重圧に耐えかねて心身の不調を訴える場合」です。相談を受けている感覚としても、かなりそれに近い実感を持っています。

大野　なるほど。この2つのモデルケースはとても大事ですね。私は現在、会社組織に属していないので、以下は想像ですが。

前者については、会社側が「何らかの都合」によって、従業員に辞めてもらわなければならなくなった際、「なんとなく、辞めてほしい空気」を職場でかもしだすということによって、退職を迫っているというようなイメージですか？

川村　そうですね。それに加えて、具体的ないじめ・パワハラにつながって精神的に追い詰められて発症するというケースもあります。

大野　後者のケースについては、昨今の経済情勢の悪化などが要因となり、雇用調整やリストラによって、人員整理が進んでいる。しかし、会社組織の中の仕事量は変わらない。よって当然のことですが、1人の正社員の人にのしかかる仕事の量と責任がものすごく増えている。その結果として、心身の不調を訴えるということですね。

川村　相談が寄せられることの多いアパレルや小売、外食といった業界では、非正規の人が職場に多い。それこそワタミや大庄では、20代の社員の過労死が起きています。ああいう会社で正社員になると、入社1年目で店の業績に対しても責任を負います。

多くの労働者が解雇に対して〝泣き寝入り〟しているのが現状

古市　日本型雇用慣行の歪みがよく話題になります。つまり解雇規制が厳しいため、会社としてはなかなか従業員のクビを一方的に切ることが出来ない。会社が従業員のクビをなかなか切れないから、自主的な退職を迫るしかなくて、いじめや追い出し部屋など、労働者を精神的に追い詰める。

　また日本の会社の忙しさが解雇規制のせいだという議論も耳にします。解雇規制が厳しいので、人がなかなか切れない。であれば、一番忙しい時期にギリギリで回せるくらいの人員を取ることが企業にとって合理的になってしまう。その結果、仕事や責任が集中してしまう。そういう理解で良いですか？

川村　解雇規制に関してはちょっと微妙なところがあります。多分念頭におかれている「解雇規制」というのは、裁判などの紛争の場で初めて出てくる話なんです。

大野　中小企業は、法務について専従の事務を雇う余裕もないところが多いので、当事者としての認識もざっくりしていそうな気がします。社員が数名しかいないような小さな企業であれば、業績が悪化して倒産しそうになったときに「なんとなく、空気」が職場に蔓延するのはわかります。

しかし、たとえば東京証券取引所一部に上場しているような「大企業」には、法務部門がありますよね。日本における整理解雇というのは、大企業の場合、法務部門が判例に即して判断しているのですか?

川村　ここら辺は、細かく説明しますね。まず、実際に解雇を不当だと裁判で争うのは、今の若者の行動としては少数だと思います。そうすると、辞めさせたい人間を辞めさせるハードルは、実態としてはそれほど高くないですよね。

大野　一概には言えませんが、年齢が若い場合は、もし解雇されたらその会社と裁判で長々と争う時間的・金銭的・精神的負荷を負うよりは、「さっさと次の仕事を探そう」とか「さっさとこの先の人生を立て直そう」と考えそうですが。

古市　確かに誰に相談してよいかもわからないですよね。

大野　信頼できる弁護士を探して巨大な私企業を訴える、というのは若者にとってはものすごくハードルが高い。それだったら黙って泣き寝入りして、次に働く企業や場所を探した方が現実的には楽そうですが……。

私企業や民間の領域における「解雇に対する抵抗感」というのは、高度経済成長期やバブル期に比べれば、希薄になっている気がします。経済的な不況が長引いて久しいです。若者にとって終身雇用はもはや、自明のものではない。

古市　だとしたら、なぜ企業はさっさとクビを切らないのですか？

川村　これについても、産業労働局の分析はかなりいいところをついていて、「自主的な退職を迫っている」というんです。

古市　自主的な退職？

川村　つまり勧奨による退職ではないということです。これは、法律上の意味合いが違う。解雇というのは会社の法律行為として、労働者には有無を言わせずに辞めさせることです。一方、「勧奨退職」とは、「会社側が申し入れをして、労働者がそれに合意して辞める場合」を言います。それに対して、「労働者側から申し入れがあって退職する場合」が、ここで言う〝自主的な退職〟です。「退職を迫っている」というのと「自主的な退職を迫っている」のとでは位相が違うんです。

古市　自主的な退職を迫ることとは、企業側にどんなメリットがあるんですか？

川村　はっきり言うとあまりありません。

大野　「自主的な退職」と、「退職」とでは、退職金が違うとか？

川村　退職金に違いがあることもあります。ただ、1～2年目で退職する人たちは退職金が元々ありません。不利になる点として、雇用調整助成金やトライアル雇用の助成金のような、雇用維持や雇用創出に関する助成金が受けられなくなります。

古市 受給の条件に、解雇数が多いか否かという項目があるんですか？

川村 退職勧奨や解雇をしたケースがあると、その助成金が受けられないという仕組みになっています。

古市 それは過去1件でもあると、ダメってことですか？

川村 そうですね。半年など、一定期間の間に限ってですが。こうした補助金が受給できなくなることを嫌がるというケースがあります。もう1つは後でも話が出てくると思いますが、言質として「自分から辞めました」という退職届を取っておいた方が無難という判断です。

大野 それは、具体的にはどういう意味ですか？

川村 「不当に辞めさせられたんだ」といって従業員から訴えられるリスクというのは、会社にとって、それほど大きくないと思います。それでも、万が一にも、そういうことが無いように、「労働者側が、自分の一身上の都合により辞めました」という書面をとっておく、ということです。企業が、過度に訴訟リスクに備えている。

大野 従業員のクビを切ることに対して、企業側が過度に防衛する傾向もあるのでしょうか？

古市 従業員に自主退職させることが目的だろう追い出し部屋は、定期的にニュースになっていますよね。大企業なら社名も報道されることも多いから、結局企業価値の毀損につながる。また、いじめなども今はパワハラという形で話題になりやすい。つまり、自主退職を迫ることにも相応のリスクがあるわけですよね。なんで自主的な退職届にこだわる企業がいまだに多いんでしょう。

川村　現場ではそんなに合理的な行動ばかりが起きているわけじゃない、というのもポイントですね。

大野　川村さんの話を聞いていると、企業側でも、労働の法務や事情について、理解をしていない部分があるのではないかと思いました。「必要に迫られて解雇したいのだけれども、なんとなく、どうしていいのかわからない」。

川村　知らずにやっているケースもあります。今日の話では傍論ですが、最近問題になっているのは、「解雇すると大変なことになりますから、辞表をとっておいた方がいいですよ。その枠組み作りについては私たちがやります」と、社労士や弁護士が企業に営業をかけて、その退職届を出させるというところまでを一連のパッケージにしているケースもあります。

古市　従業員を円滑に辞めさせるということ自体が、1つの産業、ビジネスになってしまっているというわけですね。

大野　リスクヘッジビジネスみたいなものでしょうか。

川村　解雇というと大変だから、こういうふうに懲戒の規定を作っておいて、何度か懲戒処分にして、その上で解雇すれば大丈夫だという宣伝も見かけますね。社内のテストを受けさせて、そのテストの点数が悪ければ退職にしますというようなことをパッケージングしてやっていたというケースもあります。

退職させなければ、それは「強制労働」という犯罪

大野　じゃあ次に、個別の具体的な事例を見ていきましょう。

川村　概要として、2012年1~3月の間にPOSSEに寄せられた相談をまとめてきました。この3ヵ月に105件の相談があったのですが、そのうち心身の疾病を伴う相談というのが24件あります。その具体例をいくつか抽出しました（次頁図表）。

産業労働局の統計を意識して、大きく3つの部類にわけています。1つは過酷なノルマ。2つ目は採用後に事実上選抜を行う、あるいは過酷な仕事についていけなかった人を辞めさせるといったケースです。3つ目は、何でやっているのかよくわからないという場合。「秩序崩壊型」というふうに呼んでいます。企業の経済的な利益も損なうタイプです。

1つ目の過酷なノルマや労働時間というケースについて、具体的な事例を紹介します。個人が特定されないよう、部分的に変えたところもありますので了承してください。まず、1件目は、過酷なサービス残業の実態があります。繁忙期は平均2時間睡眠で、前夜に連絡があって出張にいかなければならない場合もある。その時は、朝9時から次の日の朝3時30分までとい

「ブラック企業×職場うつ」の相談類型と事例

（1）過酷なノルマ・労働時間（消耗使用型）……付随的な「やめられない」相談。

①性別不明、正社員、営業、勤続５ヵ月

最初の契約で残業代は出せませんと言われ、承知していたが、10月末から余りに過酷なサービス残業が続き、身体を壊した。2時間睡眠や、東京出張の命令も前日の21：00に連絡が来て、9：00～3：30という働き方／その後、入院・手術をし、現在休職中／給料の支払い等の管理がずさん／このまま辞めたい。

②男性、正社員（新卒）、事務職、勤続９ヵ月

自立神経失調症発症／辞めたいと伝えたところ、社長との面談で「3ヵ月前に退職を申し出る契約のはずなのに辞めるのは詐欺だ。今までの給与・社会保険料をお前と両親に請求する。いや、1億円だ。一生涯どこへ行っても働けなくしてやる。既に警察には手を回してある。私はしつこいよ。約束守れない奴はクズだ」と言われる／精神疾患が悪化。うつ病と診断される。

（2）採用後に事実上の選抜を行う、ついていけない者を辞めさせる（選別排除型）

③女性、正社員、SE、勤続５年

「絶対にリストラをしない」と打ち出している会社／会社から転職活動をするよう迫られている／3つの資格を取ってスキル向上を示したが、「評価しない」と言われてしまった／同じような人が20名ほどいる／心療内科で適応障害と診断された。

④男性、正社員、営業、勤続14年

9日間の連続勤務の果てにうつ病を発症／2ヵ月の休職後、すぐに職場復帰。管理職から営業職へ降格／休みの日にも電話対応しなければならない／上司から異なる指示を受けることで、ストレスがたまりパニック障害を発症。

（3）職場として成立していない（秩序崩壊型）

⑤女性、パート、保育士、勤続３ヵ月

9：00から勤務する約束だったが、実際には7：30。土曜にも出ろと強制される／職場は常にいらいらした雰囲気がある。子どもを押し入れに閉じ込めるなどの虐待が発生している／仕事にやりがいが感じられない。

⑥女性、臨時職員、学校給食、勤続３年

正社員からのパワハラを受け、仕事に行けなくなり、夜眠れなくなった／包丁を持ってすごんで怒られる、「帰って」と言われる／できあがったものを全部調べられ、「あなたが切ったので、異物が入っているといけないから」と言われる。

うケースもありました。この方は、営業職だったのですが、相談に来た際には既に入院、休職中でした。相談内容としては「どうしたら辞められるのかを知りたい」ということですね。

古市　「どうしたら？」

大野　「どうしたら辞められるのか」というのは……。つまり、この人は「辞められなくて困っている」ということですか。

古市　法律的にはどうしたらいいんですか？

川村　法律的には行かなければいいです。

古市　行かなくても、従業員側に特に何もペナルティはないんですか？

川村　労働者は2週間前に退職の意志を表示すれば辞められる、というのが民法の規定です。反対に、辞めさせないと、殺人並みに罪が重いと言われている「強制労働」という犯罪になります。

大野　強制労働……。それはミャンマーの軍事政権下で、よくありました。

川村　就業規則によって、1ヵ月前など社内独自のルールを定めている企業もありますが、基本的には2週間です。

ただ、これは〝まともな〟契約関係、労使間での信頼関係が成立していた場合に意味を持ちます。サービス残業で過酷に酷使している、残業代を払っていないという状況で、労働者側だけ2週間前に退職の意思を表明するという義務を守らないといけないというのはおかしな話です。事例によっては、「明日から行かなくてもいい」とアドバイスするときもあります。

大野 しかも、この事例の人の場合、過酷なサービス残業によって病気にもなっています。それに対する労災や傷病手当といった手続きについて、現状ではどういった対処がなされているのでしょうか？

川村 入院している状態だと1人ではなかなか難しいですし、労災保険も申請してからおりるまで時間が掛かるので、健康保険の書類の手続きだとか、そういう作業もPOSSEはサポートしています。

大野 実際には、どういうところに相談に行けばいいんですか？

川村 基本的には、労災の場合であれば、労災指定病院というところで治療を受けると、簡素な手続きで申請できます。しかし、多くの場合はそこに行っていないので、一旦労働基準監督署という官庁に申請しないといけない。

大野 労働基準監督署と、労災指定病院に行くといいと。全国の都道府県の労働基準監督署の所在地は、厚生労働省のHPで見られます。*

＊ http://www.mhlw.go.jp/bunya/roudoukijun/location.html

古市　労災についてもう少し細かく説明してもらっていいですか？

川村　労働災害保険というのがあって、働いていることが原因で、あるいは、働いていた時に事故が起きて、病気や怪我になってしまった場合には、一定の給付を受けることができます。

古市　その保険は、誰でも加入できるんですか？　正規、非正規、関係なく、雇用している側が入れないといけない？

川村　雇われて働く人は全員加入できますし、使用者には、加入させる義務があります。

大野　労働者災害補償制度は正社員のみならず、パート・アルバイトなども含め、使用されて賃金を支給されるすべての労働者に適用される、公的な制度です。

古市　フリーターなどで、自分に労災が適用されていると思っていない人でも、労災に入っているということですよね？

川村　そうです。誰かを雇って自分の指揮監督下において働かせている状態で、その人の健康や生命を害してしまった場合には、基本は使用者が全部負担すべきなんです。ただ、支払い能力というのは企業によって差があるので、国が保険制度を設けたのが労災の仕組みです。なので、誰でも入れないといけない。保険料も全額使用者が負担する。

大野　日本の労働環境における、もっとも基本的な、公的社会保険制度の1つですね。労災保険制度の特徴は、雇用保険に比べて、適用範囲がすごく広いんですね。

川村　そうですね。雇われて働いていれば誰でもです。2番目のケースも同じような話なんです。この人も過労で自律神経失調症になってしまった。しかも、辞めたいと伝えたところ、3ヵ月前に退職を申し出ることが就業規則に書いてあることを盾にして、「いきなり辞めるのは詐欺だ。だから1億円請求するし、どこに行っても働けないように警察にも手を回してある」と言われ、更に精神疾患が悪化し、うつ病にもなってしまった、というケースです。この手の相談も多いですね。

古市　たとえ就業規則でこういうことが書かれていても、実際は法律が優先されるんですよね？

川村　そうですね、先ほど説明した通りです。また、仕事をバックれてしまったことにたいする損害賠償を会社が請求して認められる場合というのは、現実的に考えて、ほとんどない。これが認められるとしたら、「絶対この人でないとダメ」という代替不可能な仕事の場合です。古市さんの講演会なのに古市さんが来ないとか。

古市　寝坊とかよくするので心配です。

大野　なるほど（笑）。それは古市さんが損害賠償しなければならない可能性が、解釈上はあり得ると。

川村　はい。しかし、現実問題として、一般の労働者の場合、基本的に他の人でも代替可能で、出来ない仕事というのはそもそもあんまりない。その場合には損倍賠償請求はできません。
会社が契約を守っていないとか、そういう事情はなく本当に真っ当な会社なのに「バックれて辞めちゃいました」みたいなケースだったとしても、法律的に損害賠償が認められる場合はほぼ無いといっていいでしょう。

大野　しかしこの「辞められなくて困っている」というケースは……。この会社は、相当この人に依存していますね。だって「1億円請求」ですよ。「どこ行っても働けないようにしてやる」とか「既に警察にも手を回してある」とか脅迫をしてまで引き止めたいくらい、優秀で素晴らしい、会社にとって必要不可欠な従業員だということなのでしょうか。

川村　いや、おそらくそんな風には思っていないでしょう。

大野　いやしかし、かなりしつこいですよ。「約束を守れない奴はクズ」だとまで言っている。なんだか、DV（ドメスティック・バイオレンス）の事例検証みたいになってきましたが、今回の鼎談のテーマは企業です、企業。

川村　本当にその人が大切だったら、こんな働かせ方はしないはずなんです。濱口桂一郎さんが最近研究で出しているのですが、「会社に対して何かモノを言う」という行為に対する反発というのが、非常に強い。「雇っている従業員をいくらでも好きにしていいんだ」ということが規範としてあって、そこからの逸脱と捉えて怒っているんじゃないですかね、このケースの社長は。

大野　濱口桂一郎さんの『日本の雇用と労働法』（日経文庫）を見てみましょう。社内規則はヒエラルキーとしては、すべて法よりレベルは下でしょう？

川村　本来はそうです。

大野　それが、現実では逆転しているわけですよね？

古市　さっきの話で言えば、解雇規制については法律として、かなり厳しく規制されているけれど、「解雇しない」というところ以外についてはだいぶ緩い。長時間労働もそうだし、転勤もそうだし、使用者は自由に労働者を使うことが出来る。転勤の辞令にたてつく、つまり、会社に忠誠心を持っていないいんじゃないかという行動に対しては、解雇さえもOKになるという理解でいいでしょうか。

川村　そうですね。それは2つのレベルに分けて考える必要があります。確かに応諾義務の範囲が広い。残業に応諾する義務、配置転換に応諾する義務、転勤に応諾する義務。

これは判例の中では非常に広く認められています。それが日本の特徴なんです。実際は退職勧奨やリストラされるケースはありますが、基本的に裁判所の論理で言えば、長期雇用を保障しているのだから様々な義務を受忍すべきだということになります。これは正社員だけですが、「量的なフレキシビリティを手放すかわりに、質的なフレキシビリティについては広く担保しましょう。それが雇用保障のために必要ですね」というのが裁判所の論理です。なので、応諾義務の範囲は非常に広いです。

サービス残業は〝横領もしくは窃盗〟ということもできる

大野　川村くん、ちょっとまった。まった。もうちょっと一般的な言語レベルで話してください。労働法の話は、素人には非常にわかりにくい。油断すると、すぐについていけなくなります。おおざっぱに言うと、いろんな応諾義務を従業員に負わせているいっぽうで、日本の会社は長期雇用を保障することで労働者の権利を守っているということですか。他の国では、必ずしもそうじゃないわけですよね？

川村　そうです。

大野　「ニッポンの会社」は、長期雇用で労働者を守ってあげているので、その代わり、転勤など会社の中のルールに従ってもらうということを、労働者側はある程度のんでくれという論理ですね。従来型の「ニッポンの会社」の労使関係は、「ムラの掟」＝「慣行」によって成り立ってきた側面が強いんですね。

川村　そういう理屈です。もう1つのレベルは、ここで説明しているケースにおける規範レベルです。これはもっと広くて、「病気になったからって勝手に辞めるんじゃねーよ」という話なんです。今の雇用慣行の話は非常に重要で、昔から「サービス残業」など、違法なことも会社はやってきているんです。

大野　蟹工船とか、女工哀史とか……。明治、大正、昭和、近代日本文学の金字塔……。

川村　そこまで遡らなくても。あの頃は長期雇用慣行もまだないので（笑）。ただ、その後に長期雇用慣行が出てくるような時代になっても、サービス残業という形の違法行為があったわけです。「サービス残業」とは言いますが、残業代の未払いですから法律的には窃盗や横領と同じ犯罪です。でも、それは社会的に認められてきた。

古市　サービス残業がまさか犯罪という意識はみんなあまりないですね。

大野　サービス残業は「横領」という犯罪、違法行為にあたるのですね。「サービス残業」とか、ソフトな耳当たりよい言葉がいつごろから使われるようになったのでしょうか。「サービス残業」は、「賃金不払い残業」です。

川村　ただ、サービス残業などの違法行為も、先ほどの裁判所の論理と同じように、日本の規範としてより広く受け入れられてきた。そういうことだと思います。今ブラック企業が問題になっているのは、会社が労働者に課す労働者の規範、義務としては変わっていないのに、長年勤めるということがどうしても難しくなってきている。それが「ブラック企業」という言葉で表現されているんじゃないかと思います。

古市　雇用慣行自体は、実は昔と今もあんまり変わっていない。だけど、たまたま今まで大企業は潰れてこなかったし、これからも潰れないという幻想があったから、ブラック企業として語られてこなかった。実は非常に典型的な日本の企業はそもそも「ブラック企業」と言うことも出来るわけですね。

川村　はい。昔から過労死もあるし、残業代未払いもあるし、社内競争も非常に激しいという現実がありましたから。そういう意味で、そこががらっと転換したというよりは……。

大野　徐々に可視化されてきたという、方向性なんでしょうね。よくなってきていると捉えることもできます。少なくとも、女工哀史の時代よりはよくなっている。

川村　そういうふうに捉えた方が有効なんじゃないかと思います。

古市　「ブラック企業」は、一部の中小企業だけの話ではなかったんですね。日本企業のデフォルトは「ブラック」であると。

川村　はい（苦笑）。

古市　特に大企業だと、サービス残業が何十時間ということも普通に行われているし、みなし残業制度のため払われていない残業代がものすごいといったケースもある。派遣を雇いにくくなった自動車会社が、大卒でホワイトカラーの正社員として雇った人を、一時的に工場で働かせているというニュースが話題になったことがありました。欧米ではなかなか考えられないようなことが日本では行われている。

大野 雇用保険制度の領域についても聞きたいのですが、雇用保険の方はどうですか？

古市 雇用保険ってそもそも何ですか？

川村 いろんなものを含むのですが、若者の働いている現場で一番大事なのは失業時の生活保障ですね。失業した後に、平均賃金の約6割程度の額が国から支給されます。

古市 雇用保険に入る義務があるのは誰ですか？

川村 労災とは違って必ずしも全員という話ではないです。31日以上雇用見込みのある人は加入させる義務が会社にあります。

古市 使用者を保険に加入させることを会社が義務付けられているわけですね。

大野 保険料は、労使折半の掛け捨て、強制保険ですね。つまり、それは実際にはどういうことですか川村くん。

川村 労使折半とは、働いている人も保険料を出すし、使用者も一定額出すということです。

古市 天引きってことですよね？

川村 そうですね。

大野 モーレツサラリーマンは、自分の給料明細の中身を見る余裕すら、あまりないのかもしれません。天引きされているのと同時に、会社も負担しています。たとえば自分がWタミ株式会社（仮）で働いているとしたら、自分とWタミ株式会社（仮）が半分ずつ国に払っている。そうして社会保険として、運用している公的な保険ですよね？

川村 掛け捨てということなので、最後までずっと長期雇用慣行の中にいて、定年まで失業しなかったという人にとっては、たんに払いっぱなしになります。失業してしまった人を社会で支えましょうという話です。

古市 正式名称は、雇用保険ですか？ それとも失業保険ですか？

川村 元々は失業保険法だったのですが、今は雇用保険法という法律に定められています。

大野 失業した時には、ハローワークに行って教育訓練を受けたり、一定期間、失業給付金を受給したりすることもできます。失業した時に、次の仕事が見つかるまで、当面の生活に困らないようにするためのセーフティーネットですね。

川村 はい。現在相談の現場で問題になっているのは、先程の退職勧奨の話と関連することで、失業の理由が事業主つまり会社都合か自己都合かで受給出来る期間というのが違ってくるんですね。更に問題になるのは、自己都合で辞める場合は、3ヵ月間はペナルティとしてまったく失業保険が給付されないということです。

古市 辞めてからの3ヵ月間？

川村　ええ、まったく。なので、今の若い労働者にとって死活問題になるのは、自己都合になってしまうのか、会社都合になってしまうのかという線ですね。

大野　では雇用保険の領域では、自己都合か会社都合かということが、大きな問題になるんですね。しかしそもそも、どうして自己都合だと給付が制限されるのですか？

川村　雇用保険制度もさっき言っていたような、長期雇用慣行を前提に作っている制度なので、辞める人というのは勝手に辞めた人で、その人たちは生活出来るから辞めたのだろうという想定があるわけです。

大野　なるほど。今までの従来型の正社員みたいな方々が「普通」の社会を前提にしているわけですね。たとえば育児とか介護とか、病気とか、そういった自己都合で退職するような人間は、それなりに蓄えもあるだろうというような古典的な発想ですね。

川村　一方で、会社が経営不振でリストラにあった人などは、可哀想だからすぐあげましょうと。そういう理屈です。

古市　給付金とは別に会社から出るわけではなく保険から出るわけですよね？　会社都合で辞めたとしても、会社に金銭的な痛手はないわけですよね？　だったら別に無理に辞表を提出させる必要はないんじゃないですか。

川村　ただ、辞表を取っておいた方が、後で「今回の退職勧奨はおかしかったですよね？」というような争いに巻き込まれなくて済むというメリットがあります。

古市 裁判などに発展した場合のリスクヘッジということですね。

川村 そうです。本当に解雇しなければならない状況であれば裁判でも妥当性が認められる場合もありますし、退職勧奨を受けてずっと職場にしがみつける若者も多くはいないでしょう。

社会保険は〝超重要な〟セーフティーネット

大野 公的な労災保険や雇用保険は、極めて重要なセーフティーネットだと思うんです。というのも、今後従来型の日本の雇用システムというものが戻ってくる見込みは、ほとんどない。1人1人の労働者を一生涯支えきる、潤沢な「企業内福祉」を提供できるような企業が、増えるとはとても思えない。

川村 経済状況から考えてもそうですね。

大野 この先の長期的な見通しとして、若い世代内では、パートやアルバイトの非正規労働者を「前提」としていく必要がある。「みんなが正規に戻れる」ことは、もはや想定できないわけです。

従来型の正規労働者に比べれば、若い非正規労働者は、一生涯稼げる賃金も相対的に低いと思います。世代内格差というのは、時間の経過とともに、ボディブローみたいに拡大します。今は20代だから若さで乗り切れることも、数十年後、年をとったら違ってきます。失業したら即「明日食うに困る」社会状況が、この先何十年も継続すると、どうなるか？　さらに多くの人が、生活保護の水準にまで容易く滑落してしまうことになりかねない。

ただでさえ未曽有の超高齢化に直面するので、若者はこういった社会問題にはどんどんつっこんでいかないと。次世代の社会を、なんとかもたせなくては！

川村　ただそのための選択肢があまりにもありません。たとえばブラック企業に入った場合、失業保険があれば脱出できますが、それが無いと社内でなんとか耐えるしかない。こうした状況があったりします。

古市　たとえブラック企業であっても、自己都合で辞めると3ヵ月間支給されない？

川村　はい、出ません。ただ、これには少し説明が必要です。正当な理由のない自己都合の場合は3ヵ月間出ません。しかし、これは制度の中に細かくあるのですが、例えば出産育児、看護介護、それから結婚している相手が転勤してしまうといった事情がある場合には、ちゃんと支給されます。長時間労働がある、残業代の遅配があるなど、会社に原因があって自分から辞める場合も雇用保険は制度上受け取れます。ただ、POSSEが行った調査では、実態としてはそうなっていないのです。

大野　失業するかもしれなくなった時や、失業してしまった時、雇用保険制度について相談したい場合にはどこに行くのがいいですか？

川村　ハローワークです。

大野　雇用保険の被保険者の人は、失業したらまずハローワークに相談に行けばいいんですね。

川村　ハローワークに行けば、雇用保険は受け取れます。ただ、離職した場合に「この人は何の理由で辞めましたか？」という理由が記載された離職票というものが出ます。相談で問題になるのは、離職票は会社が書いて提出するので、「自分から辞めました」と書かれてハローワークに提出されてしまうケースです。

大野　会社側が、会社側の認識を勝手に書いちゃうわけですね。

古市　その従業員側と意見の違いが出た場合はどうするんですか？

川村　異議申し立ての制度はあるんですが、ハローワークは労働基準監督署のような捜査権限はありません。実態として多いのは、会社に「誤記入ではないか？」という確認をして、「誤記入ではありませんでした」で終わってしまうケースです。それでPOSSEに相談に来るんです。POSSEでは、自己都合退職者に、ハローワーク前で聞き取り調査をしました。僕らが聞き取った結果としては、自己都合退職者で手続をした人の8割くらいは、「正当な理由のない自己都合退職者」ではなかったんです。つまり、退職者が勤めていた会社に法令違反があったり、本人が特殊な事情を抱えていたということです。

大野　なるほど。ハローワークが社会的な機能としてもうちょっとふんばって、1人1人の「労働者の応援団」になってくれるといいですね。

川村　あるいは、もう長期雇用慣行はないのですから、この会社は違うなと思ったら辞めて次の仕事を探すというのは合理的な行動だと思います。そもそも自己都合退職者に、サンクション（制裁）を掛けている、ということ自体も問題じゃないかと。実際、事実の確定はできないわけですし。

古市　自己都合退職に限らず、3ヵ月間というサンクションを無くして、失業者全員に支給すればいいということ？

川村　そういう考え方もあると思います。

大野　非正規化にともなって働き方も多様化しているので、歪《いびつ》に選別主義的にするより、より普遍的状態を想定して制度を考えていったほうが、労働のフレキシビリティは高まるかもしれませんね。

これからは労働法と社会保険の知識が必須

大野　こういう制度や労働法の知識って、雇用する側に必須なのはもちろんだけど、これからの社会においては、雇われる側も知識が必要なのではないかと思います。大企業による日本型雇用というのは、なんでもかんでも企業側が大体概ねやってくれたわけです。でも、もうなんでもかんでもお世話してもらえるわけじゃない。これからは労働者もちゃんと権利意識を持って勉強しないとたちゆかない。よりよい制度は、天から降ってはきません。ブラック企業に負けないということはそういうことなんですよね？　労働法と雇用保険、労災保険などの基本的な知識は一労働者として、必須のリテラシーかも。

川村　そうですね。現在も、定時制の高校や専門学校などで労働法に関わる授業をやることがありますが、雇用保険の話も、みんながみんな一発で覚えてくれるわけではありません。たくさんある法律を教えていくのはたいへんです。そこで、「働いていると、こんな風に困ることがあります」という事例を紹介して、その上でポイントを4点くらいに絞って、「それだけは覚えておいてね」という感じに教えています。

その中の1つが、「つらい」「おかしい」と思ったらすぐ専門家に相談するということです。相談に来る人の多くが、「私の事案って違法だかどうかわからないのに、相談してすみません」

みたいな感じで来る。

大野　川村くんは、なぜだか、謝られるわけね。

川村　謝られますね。でも僕としてはそういうふうにどんどん来て欲しくて。たとえば自分はこの症状だからこの病気に違いなくて、この薬を処方してくださいと病院に言う人はいないじゃないですか。そういう感覚が必要だと思うんです。何か困った、おかしいという感覚がサインだからすぐに来て下さいって。

大野　医療保険の領域の議論では、当事者と専門家の間の「情報の非対称性」というのは前提とされます。川村くんの話していることは、情報の非対称性があるから専門家に相談してしかるべきだと。

川村　そうです。ちょっと変だと思ったらすぐに相談する。あとは、自分を責めないというのもポイントの1つです。まずはいったん専門家の判断を聞いてから、自分がもう少し努力すべきなのかどうか判断すればいい。とにかく自分を責めて、そのまま何も言わないのはやめましょうと伝えています。

今、職場でNOと言えというのは難しいと思います。せめて外部にSOSを発信してほしいというのが相談現場で感じていることです。とにかくうつ病になる前に相談に来てほしい。

大野　深刻なうつ病になってしまってから助けるのは、支援者もより大変になりますからね。

川村　大変です。会社に責任をとらせる以前の問題がたくさん入ってくる。

大野　特にメンタルヘルスやうつ病の問題が介在するケースでは、当事者自身が動けなくなってしまうことも多いですよね。支援者はそのケースが深刻化すればするほどその状況を改善させるのは大変になる。支援者側としては、深刻になる前に話してほしい。

古市　POSSEが無い地域はどうすればいいですか？

川村　一応POSSEは全国から相談を受けています。その上で弁護士事務所を紹介したりしています。

古市　電話やメールでも相談を受け付けているのですか？

川村　はい。

大野　しかしいくらなんでも、全国規模で考えたら川村クローンが1万人くらいいないと対応出来ないよね。

川村　それはそれでブラックNPOというか（苦笑）。でも、POSSEで相談を担当できる人も少しずつですが増えてきています。

大野　労働現場における新型ソーシャルワーカーのロールモデルがここにいる……。「わたしを頼ってください」ってこんなにまっすぐに言える支援者って、すごいんですよ。なかなか言えないですよ、川村くんは立派だ……。まぶしい……。

古市 なかなか言えないですよね。僕は「助けてください」「どうすればいいですか」と聞いてばっかりです。ＰＯＳＳＥ以外ではどのような相談窓口がありますか？

川村 労働基準監督署も全国にいくつかあるのですが、結構冷たいことが多いです。労働弁護団という弁護士の集まりがあって、全国各地に所属している弁護士がいて、無料ホットラインというのをやっています。そういうところもひとつだと思います。

古市 電話すれば無料で相談にのってくれる？

川村 そうですね。あとさっきソーシャルワーカーの話が出ましたが、申し訳ないのですが、キャリアセンターの職員の人には労働法の知識があんまりないケースが多い。相談者からの一次情報が寄せられるのは、キャリアセンターや親・友人だったりします。

古市 相談する相手が、ですね？

川村 そうです。その人たちがここにつながれば、みんながみんな相談を受けられるようにならなくても、少しは改善されると思うんです。僕はうつ病の相談にはのれないので、その場合にはカウンセラーからカウンセリングを受けた方がいいとアドバイスすることもある。

大野 精神科や心療内科、医療へつなぐケースもあるんですね。連携ですね。

川村 お医者さんを紹介するケースもあります。また、場合によっては団体交渉した方がいいケースもある。その場合には労働組合を紹介して、僕らは法律的な知識だとか、証拠の作成だとか、制度活用だとかそういうことをやっています。トータルにやっていこうと思うとPOSSEだけでは無理なので、連携が必要です。

「うつ病を作り出していいよ」という法律なんてない

大野　今の現行の制度でも、なんとか運用していく余地はあるような気もしますね。

川村　そうですね。出来ると思います。

大野　今日や明日、突然大きな法律を変えることはできないです。でも、川村くんたちの実践のように、今日の状況を改善させていくことはできる。

川村　「うつ病を作り出していいよ」という法律はまったくありません。とにかく法律にのっとって、変えていくということだけでも全然違うと思います。このあいだも「36協定（さぶろくきょうてい）」の話がネットで出ていましたが、その中に「特別条項」というのを設けると、実質月100時間でも200時間でも残業させることができる。そういう無茶な労働時間が書かれている協定がバンバン通っています。でも、月45時間という上限が36協定にも一応あるんです。

古市　それは何によって規定されているんですか。

川村 これは、告示で定められています。法律とは違いますが目安としてあって、それを超えるものに関しては、労働基準監督署が指導することがあります。

古市 ということは、すぐに違法となるわけではない？

川村 そうなんです。微妙なところではあります。そういう36協定は認めませんと社会全体がなるだけで、過労は抑制されます。

古市 36協定ってたまに聞く言葉ですね。もう少しわかりやすく説明してください。

川村 労働基準法で、労働時間は1日8時間、週40時間までと決まっています。しかし、労使協定を結べば延長することが出来る。労働基準法の36条にその規定があるので、この労使協定は36協定と呼ばれています。

古市 ほとんどの会社が、36協定を結んでいるんですか？

川村 結んでいない会社もあるんですが、大体の会社は結んでいて、しかも「特別条項」として月100時間までやることもありえますみたいに書いてあったりする。

大野 それでなんとなくなあなあで「サービス残業」が発生している。

川村 そうですね。未払いの残業代にもつながってくる。とはいえ、これは「残業代を払わなくて良い」という協定ではないんです。未払いはどんなことがあろうと違法です。しかし、残業させること、長時間働かせること自体は、その協定があれば直ちに違法だとは言えない。

古市　つまり、36協定のせいで、労働基準法の週40時間労働というのが形骸化しているってことですか？

川村　それは形骸化していますね。

大野　企業別の組合が機能していた時代というのは、若い世代にとっては「過去の遺物」となりつつあるのかもしれないですね。

古市　従業員としては合理的というか、別に残業代をもらえるのであれば問題ないというわけですね。1つの企業に死ぬまで所属するなら悪くないという話もありますね。

川村　それも自然だと思います。

古市　こないだ黒田祥子さんの研究を読んでいて驚いたんですけど、1980年代から2010年代で日本の労働時間ってあまり変わっていないらしいんです。平均労働時間自体は週休2日制が導入されて、確かに減ったように見えるのだけれど、労働者1人1人で見ると、実はあまり変わっていない。

一般的にいって、若い人が多く働いている。高齢者は多く働かない。だから高齢化の影響によって確かに平均の労働時間は少なくなった。しかし高齢化という変数を標準化して見てみると、実は1人1人の労働時間は変わっていないらしいんです。特にフルタイムで働く男性だと1日10時間以上働く人が増えているというデータもあります。土曜日の労働時間は減ったけど、平日の労働時間はむしろ増えている。

大野　いまだにモーレツ社員のままということですよね。

川村　そうですね。でも、会社にアイデンティファイ出来るほど、長期雇用があるかというと、そうではない。

大野　会社という組織は、労働者に、生涯にわたる恩恵や企業福祉を与えられる存在ではなくなりつつある。

川村　雇用保険も基本的には、正社員になれれば会社が面倒見てくれるのだからそんなに拡充しなくてもいいいんじゃない?という話でした。トライアル雇用というのも、出会わないから雇われていないのであって、一旦雇われればあとはうまくいくでしょうね、みたいな。そういう発想なんです。

古市　基本的に今の日本の雇用関係の保障というのは、会社になんとか包摂しようといった方向性のものが中心です。でも、会社というセーフティネットから一回漏れてしまった人に対しては社会保障が手薄いということですね?

川村　そうです。厳しいと思います。

大野　企業も苦しいのかもしれないですね。

川村　あまり企業に求めすぎなのもどうなのかなと、同じ問題意識を持っています。

大野　もう少し社会の側で、個人を支えていこうよと。
川村　その代わり、「いじめない、辞めさせない、過労させない」くらいはなんとか社会の規範にしていきたいですね。
大野「いじめない、辞めさせない、過労させない」……小林多喜二の幽霊が出てきそうな話ですが、これが今日の若者のリアリティです。

日本は〝グレーゾーン〟が広すぎる？

古市　『POSSE』でも書いていましたが、日本って労働基準法の条文だけ読んだら結構良いことが書いてある。従業員を守るようなことがしっかり明記されているんです。でも何が問題かというと、執行率が低いことです。それって労働基準法だけに限らない問題だなと思ったんです。

　2012年に、あるホテルで火災事件が起こりました。原因の1つは消防法が守られていなかったことです。もちろん何回も地元の行政の指導は入っていたのですが、一向に改善されていなかった。行政も法律上は明らかに違法なものに、勧告しかしていない。

　つまり即営業停止といった形を取るのではなくて、グレーゾーンの部分が非常に多いんです。

ここから越えたら絶対に違法ですと厳密な区分があるわけではない。こうしたグレーゾーン問題は日本社会によく観察されると思うんです。労働基準法もすぐに執行率を上げるといったことは難しいんですか？

川村　職員も数が足りないので、すぐに執行率を上げるのは難しいでしょう。今労働基準監督署に行って、最初に対応してくれる職員は、大体非正規の人なんです。監督官としての権限を持っていない人なので、なかなか難しい。明らかに人手も足りません。それで管内の会社を全部見るのは難しいだろうと思います。

大野　でも、ある程度のグレーゾーンがないと社会制度は動いてくれないというのも、難しい現実ですよね。「多すぎる規則」をきっちり守らせて管理しようとすると、その場のアクターは身動きがとりにくくなる。

これは完全に架空の思考実験としての話ですが、紙一枚で勧告や通達を出し、規則や決まりを遵守せよと通告したとする。その事業体は、いろんな事情を抱えているかもしれない。現段階ではお金が足りないとか、事務方の人員が足りないとか。そうなると「遵守するor廃業するor実態をすべて隠してしまう」というように、極端な選択をしかねない。

「明日から、一律、絶対遵守！」というのは現実に対しては難しい面もある。社会全体がいきなり変わるというのは難しいんだけれども、でも、そういうこともわかったうえで、少しでもよくするにはどうすればいいのか。

古市　プライオリティをつけていくとか、最低限これからやっていきましょうとかというのが現実的でしょうね。

大野　少なくとも過労で「死なない」ようなラインを設定するとかね。

川村　そこは絶対ですね。そこの戦いなので。例えば法律上でいうのであれば、1分単位で給料を支給する必要があります。そこで15分単位で丸めちゃいけない、と主張することは、ぶっちゃけた話、みんながみんな出来なくても、僕はいいと思っています。

でも、ワタミの被害者がそうでしたが、過労でうつ病になって手帳には「助けてください」って書いている。彼女は、それが会社の悪さや不当な労務管理によるもので、改善できることだなんて考えられなかったんじゃないかと思います。そういう労働者の弱さに、会社が甘えている。これは変えていかないとまずいなと。

古市　法律行政レベルでは、まずどこを変えれば良いと思いますか？

川村　制度としては、労働時間規制が一番大きいと思っています。精神的にも身体的にも、一番何で追い詰められるかというと、限度を超えた長時間労働だと思います。

古市　労働基準法があるにも関わらず、実際には労働時間に天井が無い状態になっている。だったら、まずはきちんと上限を決めてしまうということですか。

川村　はい。そうですね。

大野　おおむねみんな、働き過ぎです。「底辺への競争」も大問題ですが、現代の病は「過労への競争」でもあります。企業も、ＣＳＲとか社会貢献の方法は様々あるとは思います。しかし、現状、民間企業が出来る最大の社会貢献とは、労働時間の適正化なのでは……。

古市　僕も取材を何件か受けて、「今日は疲れたな」「一杯仕事しちゃったな」と思って自分が働いた時間を計算してみたら、６時間半とかだったんです。

一同　イイネ！（笑）

川村　そうなんです。僕もね、過労死で亡くなる方の労働時間って想像つかないところがある。たとえば僕にしても古市さんにしても、労働時間という概念がはっきりしていないと思います。

古市　曖昧だからいいっていうのはありますね。ただ、接客業など一部の仕事っていうのは、あからさまに肉体的にも精神的にも「労働」なわけです。そういうものが青天井で何時間もというのは酷ですよね。

大野　酷というか。死なくていいよ、っていう話ですよ。死ぬために、働いているわけじゃないはずです。生きていくために、働いてください。

川村　そうです。その予備軍としてのうつ病もそう。そこまで会社で働かなくていい。もう１つ制度的に重要なのは、辞められるということですね。ブラック企業から脱出出来る逃げ場というのを、制度的に言えば社会保障で与える必要もあります。

大野 死にそうになったら、転職も出来るし、選択肢がある、というような世の中にしたいですね。

古市 失業保険のペナルティ期間を無くすとか、いきなり辞めたいと思った時でも急にでも辞められる。辞めてもある程度の保障を受けられる、みたいな制度は、社会の持続可能性を考えたら必要だと思うんですけどね。

川村 そういう風にしないと、ブラック企業は市場淘汰されません。

古市 ブラック企業が潰れればいいんですよね。

大野 淘汰されますかね？

川村 ほんとに今は多くの若者がブラック企業にしがみついている状態で、責任を取らなくてもいい、代わりはいくらでもいる、なんて状況では、ブラック企業の思う壺です。

古市 日本では、教育にしても、共同体的な承認にしても、いろんなものを会社が抱えすぎてしまったがゆえの歪みというのが、ここになって一気に出てきている気がします。

「あなたは20歳の時なにしてた?」と年配者に聞いてみよう

――そろそろ、まとめに入りたいのですが、「働く若者」の話題は、どうしても「若者の甘え言説」に結び付けられやすいと思います。先日のNHKの番組の後も東京都副都知事(当時)の猪瀬直樹さんが、最近は辛抱を知らない幼稚な若者が増えた、といった趣旨の発言をツイッター上でしていましたし。

大野 「最近の若者は苦労していない」と勝手に主観的に言うのは、べつにいいんじゃないでしょうか。べつにいいんですが、じゃあどういうふうに苦労していないのかについてきちんと実態を調査してください。そしたら読みます。そして考えます。

猪瀬直樹さんや石原慎太郎さんが、20歳の時に何をしていたのかとか、ハタチの若者は率直に聞いてみたらいいのでは。「最近の若者は」と言いだすのは人類の習性みたいなものです。おじさんのカラオケみたいなものです。

「最近の若者は」と言われた時に「じゃあおじさんは、ハタチの時に何をしていましたか」と、それすら聞けない若者も変な感じがしますが。そうやって大人に「甘えている」と言われて反論すらしない、若者の不可思議さというか。

川村 そこを「甘え」と言いたいわけですね?

大野　そうかもしれない。私は別にそこまで若者を「守る」必要は無いと思います。「おじさん」に異議があるならば、議論をしなければ、おじさんには永遠に伝わりません。

古市　いくら「新型うつは甘えだ」「最近の若者は甘えている」とか言っても、もはやそういった人がある程度の規模いる以上、それは社会の前提なんですよね。

結局そういう社会が出来てしまったのだから、そういう社会を変える責任があるのは、理論上今の社会にいる人みんなのはずです。別に「甘えだ」と言ってもいいんだけれど、言ったからといって何かが変わるわけではない。バッシングをして、お互いに傷を付け合うよりも、建設的な議論や具体的な活動をする方が大事だと思います。

大野　根性を出せとか、気合が足りてないとか、そういう個々の気持ちではどうにもならないことが、社会問題なのではないでしょうか。「過労死を気合いで解決しろ」と言う人はいないですよね。おじさんたちも、そういうことを言いたいわけではないとは思います。「若者は苦労が足りない」と言う程度なら、おじさんたちにだって、甘える権利はあるんじゃないですか。

川村　何をもって言っているのかですよね。残業に耐えられないことをもって言っているのか？

大野　おじさんたちが夜の街に行ってホステスのお姉ちゃんに、今日の会議はどうだったとか言っているのは甘えとどう違うの？　とかいうような話を期待されているのかもしれませんが、それはおじさんたちで話し合ってください。おじさんたちのプライベートは自由です、興味もないし知りません。おじさんたちだって、生きていてつらいことがあるでしょう。同様に、若者にもつらいことがある。

古市　そもそも企業体って、利潤の追求が目的のはずです。長時間働くとか、上司に従順でいることとって本当は二次的な問題に過ぎない。利益をあげることが目的なのに、そういうことがすっとばされて、働き方というスタイルだけに注目して社員が甘えているというのは元も子もない。別に短時間労働でも、みんながアットホームでも利益を上げる方法はいくらでもある。

川村　豊田義博さんという方が面白い話をしていて、『就活エリートの迷走』という本がありまます。この本の中では、リクナビが自己分析しろとか、自分がどんな仕事をしたいのか考えろと打ち出した結果、あれに過剰適応した就活エリートたちが会社に入って、自分がしたいことと会社に与えられることに矛盾を感じて辞めていくと書かれています。

古市　就活に求められている能力と実際に会社で求められている能力は違うというギャップもありますよね。最近、大企業の人から聞いた話では、「最近の新入社員はコミュニケーション能力が高すぎて困る」って言うんですね。

一同　出た、新説（笑）。

川村　どういうことですか？

古市　先輩が怒ると、その場ではすぐ「わかりました」といって完璧に反省したふりをして周囲も感心する。だけど、結局は同じミスが全然改善されていない。取り繕うためのコミュニケーション能力だけが異常に高い。

川村　そういうのも、今までそういう就活生を養成してきたわけじゃないですか。

古市　そういう採用方法をとってきたわけですからね。

大野　営利を追求する企業も、本来的にどういう人材や職場環境が必要なのかとか、考え直す時期にきているのかもしれませんね。こういう会社が作りたいんだとか、こういう人と一緒に働いてほしいんだとか。就活するほうも、そのほうがすっきりするかもしれない。

古市　川村くんが「ほんとに従業員のことを考えるのだったら、こんな使い方をしない」って言っていましたよね。実際企業の持続可能性を考えるのであれば、少しでも優秀な社員に長く留まってもらった方が合理的ですよね。どんどん社員を使い捨てていくというのは企業としても頭がいい行為には思えない。

川村　そうですね。ただ、サービス残業じゃないですが、営業やSEの仕事って残業代を払わないし、後から責任も問われないということを前提にすれば、安く済ませるには流動的な方がいい。

古市　なるほど、ケースによっては、使い捨てにした方が合理的になってしまっていると。

川村 そういう「合理的な」選択を許さないために、ちゃんと残業代を払わせる。

古市 一企業としては合理的だけれど、社会全体のコストを考えてみれば明らかに非合理的だから、そこで全体でうまく回るように規制をかけていく必要がある、というわけですね。

川村 非合理だと会社に言っても変わりませんからね。それは会社にとっては合理的な行動になってしまっているわけですから。でも、社会的に見れば、会社から見てどんなに使えない就活生であっても、社会が20何年間もかけて育ててきている人材です。

それが半年とか1年とかでうつ病になって、働けなくなる。結果として、失業保険や生活保護に頼らざるを得なくなる、というのは非常に非効率だと思うんです。それは社会にとって効率的ではないので、会社が社会の効率性に沿うような行動をとるのが合理的だとなるためにも、ちゃんと規制をかけていく。それが必要になると思います。

大野 「甘え」だとか「苦労」だとか言っていられるうちが、華なんです。おそらくは、今がタイムリミットなんです。この社会状況がこれ以上に深刻化すると、余談の余地すら無くなる。もっと強制的な「何か」をせざるを得なくなる。

だから、今のうちに対処しておく必要があると思います。多くの人が「普通」に生活していられる最後の領域であって、ここを超えちゃうと息継ぎすら出来なくなる社会状況がやってくる。

川村　それこそフリーターは自己責任だとか、若者の身勝手だとか言っているうちはいいです。それがやがて中年フリーターになり、無年金世代になってくると確かにそうは言っていられなくなる。

大野　「若さ」というのは一種の特権なんです。若いというだけで注目され、若いというだけで採用され、若いというだけで話を聞いてもらえる。新規参入者が、今しか使えない特権です。若者はもう少し、その特権を行使してもいいのかもしれないと、今日川村くんの話を聞いていて思いました。

古市　甘えって大事な問題だと思います。この社会には仕事もできて人柄も素晴らしく語学も堪能な強者ばかりがいるわけではない。そうじゃない人のほうが多いし、そういう広い意味での「弱い人」を、誰かが引き受けることで社会は回っていきます。

ちょうど昨日まで上海に行ってきたのですが、上海であればそういう人を血縁関係内で相互扶助している。北欧だったら国家や地方自治体による社会保障が「弱い人」を引き受けている。かつての日本だったらそれが会社や家族でした。

「弱い人」を切り捨てるような社会は、長持ちしません。なぜなら誰だって「弱い人」になる可能性があるからです。ある日突然強者が事故などによって「弱い人」になるかも知れない。むしろ弱くても生きられる社会は、誰にとっても生きやすい社会のはずです。「弱い」ことを

「甘え」だと切り捨てても仕方ない。新型うつや今日の議論は、そのことを再確認させてくれました。

――本日はありがとうございました。

＊初出「ＢＬＯＧＯＳ」２０１２年６月７、８日
http://blogos.com/article/40685/
http://blogos.com/article/40726/

大野更紗（おおの・さらさ）…１９８４年生まれ。作家、難病当事者。明治学院大学大学院社会学研究科社会学専攻博士前期課程。第５回（池田晶子記念）わたくし、つまりＮｏｂｏｄｙ賞受賞。著書に『困ってるひと』（ポプラ社）など。

古市憲寿（ふるいち・のりとし）…１９８５年生まれ。社会学者。慶應義塾大学ＳＦＣ研究所訪問研究員（上席）。著書に『希望難民ご一行様』（光文社新書）、『絶望の国の幸福な若者たち』『僕たちの前途』『誰も戦争を教えてくれなかった』（共に講談社）など。

あとがき

若者の雇用をめぐるリアリティは、この数年で大きく変化しています。冒頭で述べたように、「我慢していれば誰でもそれなりに出世できる」というイメージは、もはやほとんどの人にとって通用しないものになっています。そこでは、労働者としての権利や法律を使わなければ、安心して生きていくことができません。

この話をもっと大きな視野で捉えると、「ノンエリート」としてどう生きるか、という話に広がります。かつては、正社員になれば、課長級・部長級に出世するのは当たり前だと思われてきました。しかし、今や多くの若者にとって、定年まで同じ会社で働くことすら難しくなっています。それに対応した意識の醸成が、実はより根本的な問題です。

少ない「エリート」の椅子を目指して競争をするわけですから、椅子に座ることのできない多くの人が現れます。そのときに、「会社に大切に扱われるような、どこに行っても重宝されるような特別なエリートになろう」とする視点だけではなく、「椅子に座れなかった人がどのように生きていくか」を考える視点を持っておくことが、結局は自分自身をも追い詰めないことに繋がるのではないかと思います。

反対に言えば、「ブラック企業」問題とは、そうしたごくごく一部の、労働法の知識など必要としない「エリート」をこぞって目指さなければいけない、過酷な競争の帰結であると言っても過言ではありません。終章で提案したように、こうした社会のあり方をいかに変えていくかが、これからの「ノンエリート」の本当の課題です。

＊＊＊

つい数年前まで、「ブラック企業」という言葉がこれほどの広がりを持つようになるとはまったく予想していませんでした。それだけ、若者の雇用環境が劣悪になり、その弊害が若者にとどまらない様々な人々に認識されるようになったのです。

こうした変化を受けてか、奇しくもほぼ同じ時期に2冊の本を出版する機会をいただきました。1冊は本書、もう1冊は『若者を殺し続けるブラック企業の論理』という、若者の過労死・過労自死についてまとめた新書です。学問も実践も途についたばかりの若者に現場から報告する場を与えられたことについて感謝の意を示して、本書を締め括りたいと思います。

まず、ブラック企業対策プロジェクトなどで連携している方々の取り組みがなければ、「ブラック企業」問題は今よりももっと低い水準で議論されていたはずです。未だに、「ブラック企業」が若者の「怠惰」や「被害妄想」の問題であるかのように論じる人は少なくありません。論理が無い感情的な発言に「反論」することは難しいですが、冷静に議論を重ねてきたことで、「ブラック企業」は雇用管理や社会全体の問題であるという雰囲気が少しずつ培われてきました。その中で、若者に必要な法律の知識はどのようなものかという本書の問題設定が可能になったのだと思います。

また、POSSEの活動に参加するようになってから、これまで多くの専門家の方に労働法や社会政策、労働運動についてご教示いただきました。本書を読んで何か新しい知識が得られたなら、それは私もどこかで誰かに教わったことです。特に名前を挙げることはしませんが、進んで学習の場を提供してくださった皆さんにもお礼を申し上げます。

そして、本書に記した対応策や問題のパターンは、すべて具体的な事例が念頭にあるものです。実際に自分で労働相談を受けて、相談に来た方と一緒に頭を悩ませることがなければ、本当に重要なポイントに絞って整理するという本書のスタイルを貫徹することはできませんでした。POSSEで一緒に活動しているメンバーや、「ブラック企業」の被害に遭われた中でPOSSEに相談に訪れ、たくさんの悩みを克服して、あるいは抱えながら生活を送っている皆さんに、敬意を表します。

最後に、現場の活動を優先して原稿を後回しにしてきた私が曲がりなりにも一冊の本を完成できたのは、BLOGOSの鼎談を見て連絡をくれて以来、一緒に内容を考え、優しく根気強く催促をしてくれた編集の安藤さんの力に依るところがほとんどです。
これからも、現場から雇用問題の実態を伝え、誰も使い捨てにされない社会の実現を目指していくつもりです。引き続きたくさんの方にお世話になると思いますが、どうぞよろしくお願いします。

2014年2月

NPO法人POSSE事務局長　川村遼平

付録　労働相談の窓口一覧

●行政機関

＊労働基準監督署（労基署）

下記URLから全国の窓口を調べることができます。労基署の使い方については第6章を参照。

HP：http://www.mhlw.go.jp/bunya/roudoukijun/location.html

＊労働局

下記URLから全国の窓口を調べることができます。労働局であっせんを行う方法については第6章を参照。

HP：http://www.mhlw.go.jp/bunya/roudoukijun/pref.html

＊労政事務所

各都道府県が設けている相談窓口で、こちらでもあっせんを依頼することができます。なお、窓口によって名称がさまざまなため、ご注意ください（例：「労働相談情報センター」（東京）、「総合労働事務所」（大阪））。下記URLは、都内の窓口一覧です。

HP：http://www.hataraku.metro.tokyo.jp/sodan/rodosodan/

●弁護士

＊日本労働弁護団

定期的に無料の相談ホットラインを開設しています。地域により日時が異なるため、下記のURLからご確認ください。

HP：http://roudou-bengodan.org/hotline/hotline.php/

＊日本労働弁護団「働く女性のためのホットライン」

女性弁護士が対応してくれます。

TEL：03-3251-5363（第二水曜　15:00 ～ 17:00）

＊ブラック企業被害対策弁護団

ブラック企業問題に特化した弁護団です。思い当たる方は相談してみてください。

TEL：03-3379-6770（月曜～土曜　10:00 ～ 17:00）

HP：http://black-taisaku-bengodan.jp/

＊大阪過労死問題連絡会

過労死や過労うつのプロが相談に乗ってくれます。

TEL：06-6364-7272（平日　9:30 ～ 17:30 ／第一・第三土曜　9:30 ～ 12:30）

HP：http://www.osaka-karoshi.jp/

● NPO・任意団体

＊全国過労死を考える家族の会

過労によって命を奪われた家族のために労災申請や裁判などを進める人々の会。存命の当事者も参加しています。

mail：karousikazoku@yahoo.co.jp

HP：http://www.geocities.jp/karousikazoku/ri-hu/ri-hu-kakuti.html/

＊NPO法人　自立生活サポートセンター・もやい

生活保護の申請同行など、生活困窮者の支援に幅広く取り組んでいます。

TEL：03-3266-5744（火曜　12:00～18:00／金曜　11:00～17:00　※祝日休）

mail：info@npomoyai.or.jp

HP：http://www.moyai.net/

＊NPO法人ほっとプラス

生活に困っている方の相談支援活動をしている団体です。

TEL：048-687-0920／070-6643-3361（月曜～金曜　10:00～17:00　※祝日休）

mail：hotplus@citrus.ocn.ne.jp

HP：http://hotplus2011.blog.fc2.com/

＊NPO法人POSSE

本書の著者が事務局長を務めるNPO法人。東京・仙台・京都に事務所があり、全国から年間1000件超の労働相談・生活相談を受けています。どこに相談したらいいか迷った場合はPOSSEまで。

TEL：03-6699-9359（水曜18:00～21:00　※それ以外の時間も随時対応）

mail：soudan@npoposse.jp

HP：http://www.npoposse.jp/

●労働組合（ユニオン）

＊コミュニティ・ユニオン全国ネットワーク

全国にあるコミュニティ・ユニオン（個人で加盟できる地域ごとの労働組合）のネットワーク。下記のURLから、自分の住んでいる地域の労働組合を探すことができます。

HP：https://sites.google.com/site/cunnet/

＊首都圏青年ユニオン

一人でも入れる若者のためのユニオン（年齢制限があるわけではありません）。

TEL：03-5395-5359

mail：union@seinen-u.org

HP：http://www.seinen-u.org/

＊女性ユニオン東京

女性たちによる女性のためのユニオン。

TEL：03-5491-5450（月曜・水曜　12:00～14:00、16:00～19:00）

HP：http://w-union-tokyo.blogspot.jp/

＊連帯ユニオン

建設・運輸関連の業界で働く人はこちらで相談を。

TEL：03-5820-0868

mail：honbu@tu-rentai.org

HP：http://www.rentai-union.com/

著者について
川村遼平
かわむら・りょうへい

1986年千葉県生まれ。労働相談を中心に若者の貧困・格差問題に取り組むNPO法人POSSE（ポッセ）事務局長。東京大学大学院博士課程在籍。日本学術振興会特別研究員（DC1）。著書に『若者を殺し続ける ブラック企業の構造』（角川oneテーマ21）、共著に『就活とブラック企業』（岩波ブックレット）、『ブラック企業に負けない』（旬報社）など。

NO《ノー》と言《い》えない若者《わかもの》がブラック企業《きぎょう》に負《ま》けず働《はたら》く方法《ほうほう》

2014年3月25日　初版

著者　川村遼平

発行者　株式会社晶文社

東京都千代田区神田神保町1-11
電話　03-3518-4940（代表）・4942（編集）
URL http://www.shobunsha.co.jp

印刷　ベクトル印刷株式会社

製本　ナショナル製本協同組合

ISBN978-4-7949-6846-3 Printed in Japan